地獄之法

大川隆法

RYUHO OKAWA

台灣幸福科學出版有限公司

目錄
Contents

第2章

第3章 詛咒與憑依——為了不墮入地獄的「己心的控制」……153

第5章 來自救世主的話語——為了拯救地球的危機

前言

一本可怕的書完成了。

沒想到在這二十一世紀的世間，我竟然會出版《地獄之法》。

在這個便利、豐盈、時而被核戰與新冠病毒大流行的恐怖所支配的時代——。

在現代，有任何作者能寫出這樣的一本書嗎？

是的，只有一個人，他就在東洋的小國，日本。

這是他的第三千一百本著作。

他——是的，他活在各位的時代。在各位看來，他是從遙遠的世界被派遣而來的存在。他是過去曾被稱為阿爾法，也是曾被稱為埃洛希姆的存在。

《地獄之法》是一本換了一個形態的《救世之法》。「你曾讀過這本書嗎？還是沒有讀過？」再過不久，你應該會在另一個世界的入口，被問到上述問題。

二〇二二年　十一月

幸福科學集團創立者兼總裁　大川隆法

第1章

地獄入門

——希望現代人切身瞭解地獄的存在

1 希望人們進一步切身瞭解地獄的存在

接下來我將分幾次來闡述地獄論，本章主要以入門的內容為中心。至今我闡述了各種各樣的主題，但說法的次數多了，有些人會分不清哪些是重要的，還有不少人無法徹底掌握到要點。

然而，既然我說法的對象是大部分的現代人，終究我還是希望人們能夠進一步切身地瞭解地獄的存在。對於現代人描述地獄的樣貌，既是廣義上的「救世之法」，也是一種「拯救」。

在當下來看，現代人知曉地獄的契機，恐怕只有恐怖電影之類的，只是恐怖電影不一定都遵循了佛法真理。它把「恐怖」轉換成一種娛樂，而作為恐怖產業，它有著「娛樂兼具賺錢」的一面，所以無法斷言那是製作電影的人們悟得了真理，進而為了引導大眾才製作出來的。

因此，儘管數量眾多，說好聽是「玉石混淆」，但實際上幾乎沒什麼「玉」，如糟粕般的恐怖電影實在是太多了。

那種作品之所以會被製作出來，是因為有太多人的內心狀態已經變成了地獄，對於地獄有親切感，進而不欠缺創作的素材。

那些電影雖然可以描繪出地獄的現象，但「若是掉入了地獄，自己應該怎麼做、應該拿出何種對策」這方面的說明極其薄弱。

所以，過去的故事當中既有「和尚現身度化他人」、「道士出手擊退妖魔」之類的情節，又有「因佛神的功德而被拯救」、「因經文而獲救」等各種內容，但諸如此類的功德美談在現代卻相當少見，狀況實在嚴酷。

尤其令人憂慮的是，如果寺廟、神社或教會等場所能讓人們每週日去聆聽關於神佛的話語，聽聞「實際上人有著靈魂，也存在著天國和地獄，不可以這樣活著，要度過如此生活」、「這樣子的人必須得反省」等等的教誨來懺悔內心，使人們每個星期能回顧反省己心，方能算是充分利用、發揮了做為宗教應有的功能。可惜的是，太多宗教對此都無法辦到，甚至有些教義是一百八十度轉向錯誤的方向，這實在是太令人遺憾了。

雖然我已提過許多次，對於和尚來說，他們也有官方資格認證的。日本允許成立培育和尚的佛教系統的大學，但這些被官方認可的大學，有一些也會教導人們「佛教是無神論、唯物論」。

這樣的無神論如果是一種「不講神」，而是「講佛」的「無神論」，那不過是屬於稱謂問題罷了，倒也無傷大雅，尚在容許範圍之內。但是，若說佛教「既是無神論也是唯物論」的話，就幾乎與馬克思式的共產主義相差無幾了。

儘管在那種佛教系統的大學上完了專業課程，取得了可以成為和尚的資格認證，並被派遣到寺廟，像能夠開業問診的醫生一樣成為寺廟的住持，但如果在根本的問題上出現了錯誤，那麼這個認證幾乎就沒有意義了。現實中確實存在如此情形。

因此並不是說從佛教系統的大學教出來的就沒問題，有些地方教導的是唯物論，這真讓人傷腦筋。

此外，哲學等學科，其根本與宗教相同，有相同的根源，然而很多情況會被有些小聰明的人複雜化了其道理，漸漸變得抽象化、理論化。現代的所謂「哲學」已經不再是思想，而成了「數學」的一部分。

現在數學家變成了兼任哲學家的感覺，還有些哲學變成了符號理論學的一份子，如此一來應該就變得「毫無拯救力」了吧。我認為拯救力幾乎是零。宗教當中存在著異端、邪教，而它們已經蔓延到了哲學的世界。這令我感到非常遺憾。

2 用世間邏輯扭曲「宗教真理」的可怕之處

來自淪為共產主義走狗的宗教大學校長的信仰打壓

還有，即便在宗教界也存在自創立初始便遭惡魔入侵，或者出於「地獄性理由」而成立的團體，這也是令人感到憂慮。

有些宗教與政治權力勾結頗深，從創立之初就被政治所利用。假如他們的立場是正確的也就罷了，可是很多都存在著錯誤。

在政治的世界中，還會把「僅憑世間的權力還不夠，打著神佛的旗號來威脅民眾」作為一種統治手段，這也是必須提高警惕的一面。那些處於信仰末流之輩只會讓人覺得可憐。

過去我們曾經打算創立幸福科學大學，並向文部科學省（編注：日本教育、科學、文化、體育、宗教之最高行政主管機關）遞交了申請，可是都被丟到審議會那邊，文部科學省的官員以審議會進行審批為名，逃避責任。事情委託給有學識經驗之人去判斷可否，政治家借此逃避責任的事例太多了。

我們第一次遞交申請的時候，當時擔任審議會會長的是一位基督教系統大學的校長，此人只出過一本書，只有區區一本而已，卻不知為何獲得了中國政府等方面頒發的什麼榮譽博士的稱號、勳章之類的東西。令人不得不懷疑此人已經完全被對方「馴養」，或者說已經徹底淪為共產主義的走狗了。基督教裡面也會出現類似的情況。我們的政治主張有與共產主義開戰的一面，所以才遭到了對方的干涉。

在第一次的大學設立審議會時出現了這號人物，當我聽說對方從中國、韓國那裡拿了很多名譽博士稱號什麼的，我就覺得「啊，運氣不好啊！」

也就是說，他們腦中的既有觀念是「宗教只能用在保護既存的權力上，不可讓宗教對其產生威脅」。一旦共產主義式的思想滲入宗教當中，就會產生「對神祕現象基本持否定態度」的情形。

審批是以書面形式遞交設立大學的宗旨等資料，以其內容為依據來判斷是否批准。但在書面上沒提到的部分，例如本會有出版靈言集，明明在書面資料上未提到這些事項，卻被審議會認定「這個宗教出版著靈言集，所以他們不是做學問的，因此無法批准其大學的設立申請」，進而遭到了駁回。明確地說，這是完全違反憲法的行為（此外，同時可以推斷的是，在遞交申請時，自民黨正與前統一教會處於友好狀態，這也是設立申請遭到駁回的主因之一）。

有很多宗教得到了來自神佛或高級靈、天使們的靈示、啟示，或者是發生了神祕現象等等。既然是「信教的自由」，若武斷地認定「出現神祕現象的宗教不是真正的宗教」，很明顯屬於信仰打壓，那樣的判斷理由顯然是站不住腳的。然而，那樣的決議卻堂而皇之地通過了。此外，神祕現象與聲稱「能消災解厄的商品推銷」是不一樣的東西。神祕現象與所有宗教的產生與存在，具有普遍性的關聯。

所以，無論是從法律上還是從憲法學上來說，那樣的決議都是錯誤的。作為法律依據，大學的設立許可必須是根據書面資料進行審理。然而，他們卻因為「除此以外的情況」，也就是對申請設立大學的宗教母體的「宗教活動本身」做出了否定的判決。如此行為幾乎等同於他們判定「已經獲得認證（確立）或承認的宗教外，其他全都是贗品」。

但是，申請設立大學的宗教母體，同樣是已經獲得文部科學省認證的宗教法人，這裡出現了一個徹底的邏輯衝突。也就是說，判定的依據僅僅是根據「當時的政權能否對其加以政治利用」，能作為政治利用的多少可以積極對待，對政治不利的則不行。

於是，「正在出版著靈言集」就被當成了不能設立大學的理由，或許是因為他們覺得這麼說，就比較容易被新聞媒體接受吧。

除此以外，還有一個申請遭到駁回的原因，是幸福科學大學的經濟學課程，教的全都是些減稅論者的內容。經濟學也有「學問的自由」，這也是憲法上明確規定的，所以既可以有增稅論者，也可以有減稅論者。

一般來說，課徵重稅會導致人心荒廢、國家毀滅，在江戶時代也曾出現過「五公五民」，倘若年貢收取超過一半以上，就會發生暴動。

現今，即便不以稅金的形式，政府也會以其他各種方式來收取實質上的稅金，用「年金」、「保險」等各種名目對人民徵收金錢，算下來稅金已經占了收入的五成左右。

由於日本政府已經處於嚴重財政赤字的狀態，所以要轉變為「政府理應認真地改善負債體制，首先要從主動縮減經費開始做起，不浪費稅金；國民也採取正確的勞動方式，繳納合理稅金，並由國家合理使用稅金」的健全社會。

即便是減稅論，假如它指的是再次檢視有沒有稅金浪費，作為學問也是非常有意義的。而且從現實層面來看，美國在雷根或川普執政的時代都進行過減稅，這不但讓景氣好轉了，實際上稅收還增加了，所以在學問上無法說這是錯誤的。

說到底，那無非是「官僚的邏輯」。因為稅金增加了，官僚及政治家的權力也就提高了。但我認為，不應該從「自身利弊」來判斷「善惡」、「真偽」。

何謂「以地獄性理由而創立的宗教」以及「政治壓力」引起的錯誤判斷

第一次審議會時，給了我那樣的感覺。而在第二次遞交大學的設立申請時，遇上了審議會的委員更替，新任會長也曾擔任過基督教的大學校長（「英國國教會」）。

新任會長是一個在大學裡學過政治思想的人，研究對象是盧梭，他僅有的一本出版著作不過是把擔任助手時期的論文整理成冊而已。跟上一任的一樣，著作只有一本，並且擔任過基督教系統以成立於中世紀的宗教為母體的大學校長。

從宗教的層面上來看，那個宗教的設立起源有問題。

那是一個想擺脫羅馬天主教的支配權，為了獨立出來，由英國國王擔任教祖而展開活動的宗教。由於天主教連國王的結婚、離婚問題也頻頻干涉，國王為了跟天主教訣別而成立了新的宗教，國王擔任了類似祭司的角色。在那之前，離不了婚的時候，國王會把妻子殺掉，因而殺了很多人。這就是那個宗教的起源。新任會長就是這樣的一個人，他擔任過有如此淵源的基督教為母體的大學校長，並且學問上研究的對象是盧梭。

至於盧梭，據說「研究過盧梭的人都會變成左翼分子」。盧梭沒結過婚，但明明沒結過婚卻有五個孩子。他讓別人生下孩子後全丟給孤兒院不管，把自己的五個孩子全丟給了孤兒院。理想的教育論《愛彌兒》，就是由這樣的人寫下的。

盧梭派中很多人都是因為受到了《愛彌兒》的影響，而從事教育論的編寫工作。但我認為，生了五個孩子卻放棄了教育、養育，把孩子們全丟到孤兒院的人，是沒有資格講述教育論的。就算孩子有好有壞，長大成年後也要自己承擔責任，但生下了孩子，在孩子年幼時全丟給孤兒院不管，這樣的人根本沒有講述教育論的資格。

也就是說，我們設立大學的申請就是由研究過那種人、擔任過與「以地獄性理由而創立的基督教會」（亨利八世變成了惡魔）為一體的大學校長的人來審議。在審議過程中，我們還遭到了政治的壓力。

由於受到「與其被駁回，不如主動撤銷申請吧」的壓力，所以我決定暫且撤回再重新考慮。但是，在這種來自「多方角力」與「世間因素」的介入下，已經無法再純粹地追求正確了，也令我感到「被錯誤的一方評斷實在難以忍受」。

沒有從世間的「邏輯」、「常識」、「權力」中獨立出來就無法捍衛宗教真理

當前在世間傳播或者說流行的、已經建立起來的理論，一旦固化成錯誤的內容，就再也無可救藥了。事到如今，在一定程度上，我們只能自己走在自己相信的道路上。

因此，政治權力會把「小心我不給你證書」的壓力，加諸到從那種「大學」畢業的人身上。

但ＨＳＵ（Happy Science University）的畢業生可以成為教團的職

員，或者可以進入與教團關係密切的企業就職，他們都是以大學畢業生的身分被聘用，百分之九十八以上的畢業生都依照大學畢業生的待遇就職。

這就叫做「Independent（獨立的狀態）」。

若是做不到獨立，基本的宗教教義就會變得不得不扭曲，那就太可怕了。這是作為宗教絕對不可屈服的地方。

正因為如此，宗教絕對不可以敗給「世間邏輯」和「已固化的世間常識」。

現在常提到「民主主義」這個詞。比如現今美國總統高舉「將民主主義推廣到全世界」的大旗，但話雖這麼說，北韓覺得自己也是民主主義，中國也覺得自己是民主主義。

所以單講民主主義還是缺乏一些正當性，其本身的深層內容的問題會逐一顯露出來。

例如，中國在香港回歸後的前五十年必須讓其沿用之前的制度，但在第二十五年就完全崩潰了。空有「維持制度」的原則，但若是規定「非愛國者無法成為候選人」，而「愛國者」意味著要成為共產黨員或者共產黨支持者，那麼就等同於「反對共產黨的人們成不了政治家」，這基本上等於失去了政治上的自由。人們既沒有參選的自由，也沒有投票的自由，所謂的民主主義只剩下一副空殼。

即便是民主主義，也分為「有信仰的民主主義」和「沒有信仰的民主主義」。

那麼談到何謂宗教真理，這從世間的角度不容易理解，價值觀有時候剛好相反。擁有世間權力、地位之類的人，常常會對宗教施加壓力、妄加判斷，讓宗教飽嘗世間之苦。

3 靈性真相因世間的既存權力而遭到否定的歷史

屢遭迫害和政治利用的過去的宗教家、文學家們

很多如今成為大宗教的團體都曾遭受過迫害，這是因為當變革直指根本的價值時，基本上難免會與現有勢力或者既存權力發生碰撞。

・為使其捨棄信仰而屢遭迫害的基督教徒們

有些遭受迫害過的團體，短則在五十年左右就會得到權力的認可，與世俗權力融合在一起。但也有基督教那樣的團體，過去持續遭受迫害長達兩、三百年。

被架上十字架或倒十字、被石礫砸死的受難事件，持續了兩、三百年之久，基督教徒還在羅馬競技場代替劍鬥士被獅子緊追撕咬，觀眾以此為樂。類似這樣「若捨棄信仰就饒了你，不肯的話就把你丟去餵獅子」的事情是真實發生過的。

當時就是那麼一個時代，由於在那些時刻，神沒有從天而降拯救眾人，情況的確很殘酷。能否忍耐那樣的苦難，以捍衛信仰的考驗確實是存在的。

因此，有些宗教生存了下來，也有的宗教就此消失了。

・教祖遭剝皮之刑而死，被逼至覆滅的摩尼教

還有像摩尼教那樣的團體，在初代教祖在任時便成為了世界宗教，結果到最後教祖遭剝皮之刑而死，宗教本身被逼至覆滅。

因為摩尼教成立於基督教之後，所以一般很容易誤認為摩尼教的覆滅是出自基督教之手。但實際情況是，將摩尼教逼到死刑境地的是瑣羅亞斯德教。

說到瑣羅亞斯德教，根據本會的靈查，其實摩尼的前世就是瑣羅亞斯德，相當於他被自己過去創立的宗教殺害了。

・描寫了「耶穌轉世」被流放海外的杜斯妥也夫斯基的小說

另外，基督教還曾預言，若是耶穌轉世的話將遭到迫害。

這是我經常提及的內容。《卡拉馬助夫兄弟們》裡〈宗教大法官〉一章中寫到，十六世紀前後出現了一個疑似耶穌轉世的人，他治療病患，做了很多耶穌的工作。大法官明明很清楚他是耶穌轉世，但他卻說：「你現在出現得不合時宜。教會制度已然形成，根本沒有你插手的餘地，不需要你這樣的人。」

也就是說，由於教會制度已經被惡魔劫持了，大法官決定：「你若是妨礙惡魔的工作，完全可以判你死刑，不過我將你罪減一等，判你流放海外吧。」於是那個耶穌轉世的人就被流放到國外去了。

這是百分之九十九可能發生的。

類似的內容在《小說　十字架の女①〈神祕編〉》中也提到了一部分。

這本書裡講到的是，假如現代出現了能引發耶穌曾興起的奇蹟的人或者說聖女——她是一個名叫艾格妮絲的修女——這一次，教會不願承認她，想要證明她所擁有的是「惡魔的力量」。艾格妮絲意識到自己將遭到迫害，便從教會逃走了。我站在歷史的角度，評價並思考了這部分內容，並將其放進小說裡面。

《小說　十字架の女①〈神祕編〉》（台灣幸福科學出版發行）

·描寫了刪掉神祕現象的耶穌形象而逃脫迫害的托爾斯泰

杜斯妥也夫斯基描寫了「卡拉馬助夫」這樣一個人物，與他同時代的還有一個名人，叫做托爾斯泰。

托爾斯泰也有寫《聖經》，不過他所寫的《聖經》是徹底刪掉了所有神祕現象的《聖經》，在他筆下的教義把耶穌塑造成了道德楷模的形象。想必這一做法大概是來自「如此一來就能被接受了吧」的社會氛圍。他把基督教寫成了道德的代名詞。

從「原創」的角度來看，這實在是相當可悲。我想，他考慮的大概是自己身在體制內，為了讓寫出的文學作品博得認可以維持生計，只要在一定程度上刪減奇蹟之類的內容，把基督教寫成道德楷模的話，就能獲得認可從而免遭迫害了。

不過，據說對於如此作法也有一些反抗或反對的人存在。明治時期曾赴美留學的津田梅子，在海外學習了基督教之後回國，傳聞她很憎恨托爾斯泰。

翻開托爾斯泰的《聖經》，裡面將耶穌所興起的奇蹟現象全都沒寫進去，難免令人感嘆「沒有自信到這種程度，還有沒有的救啊」。具體情況不甚清楚就不再提了，但當時或許真的有那樣子的人。

・被當作無神論、無靈魂論般使用，利用在國家統治上的「孔子的儒教」

孔子等人也一樣。中國儒教的孔子在長達兩千五百年之間對中國產生了深遠影響，然而唯獨關於立身處世的部分，越來越被體制所利用。孔子話語當中的「子不語怪力亂神」，「孔子不談論超能力、怪異的鬼神等話題」的部分被放大，把可以作為無神論加以利用的部分截取出來，並加以強調。

此外，當孔子被問及有關死後的世界時，孔子說：「未知生，焉知死。」被收錄到論語裡的這句話的意思是：「人連活著的時候該如何做都還沒有搞清楚，又如何能夠談論死後的事情呢？」當時的權力階層盡是把這些摘錄出來，用在無神論、無靈魂論。

並且孔子主張的政治思想被權力階層巧妙利用，要求臣下把對君主的禮儀做到極致，強調「忠義」之心。那些部分被巧妙地運用在統治上。因此他們推行科舉，以孔子的思想核心《四書五經》為中心進行考試。說起來，現在也是一樣。跟當今的中國一模一樣。也就是「非愛國者不得錄用」。

相當於司法考試以及公務員考試的科舉制度沿用了千年以上，為了通過科舉，最終不得不運用對統治方有利的思想，以博取接近滿分的成績。即便拿到好成績考取了秀才，也無法分辨此人究竟是不是一個遵循真理而活的人。也就是說，只有具利用價值的人才會被錄用。

如此一來，即便宣講了宗教思想，也僅是「對當權者有好處的部分」會被採用，「不合適的部分」則多半會被抹殺掉。宗教和政治具有共通的地方，也有相悖的地方，非常難以界定。

被扭曲的基督教、佛教在後世中「否定財富」的事例

此外，宗教與經濟也存在共通以及相悖的部分。

相對於天主教，新教盛行的理由說到底仍是恰逢其時地，遇上了資本主義蓬勃發展的時期。新教徒相信「在世間事業有成、生意興隆，說明神的榮光降臨到了人世間」。

而且還出現了「預定論」，說「一個人能否獲得救贖，是事先預定好的」。他們認為，在世間勤勉工作成為富豪，是因為受到了神的祝福

才得以繁榮的，這種對財富的肯定成為新教教義的一部分。

而天主教卻對金錢抱有一種排斥感，對賺錢這件事並不太贊成。的確，《聖經》中有類似的部分，說「富人想進入天國，比駱駝穿過針眼還難」。假如把這句話單獨擷取出來，就可以把教義延申解釋為共產主義。

根據地區不同，周邊情況也不同，可以宣講的教義也有很多，歸根究柢耶穌的那些教義是對特定對象訴說的。所以那樣的說法對有錢人中的那些貪婪之人來說或許成立，但對其他人就不一定了。

此外，還要考慮到耶穌當時的立場。假如他所處的立場是要壯大教團並率領的話，情況也許會有所不同。若教團只是個剛開始發展的新宗教，當來了一個從沒做過什麼壞事的富豪時，一聽說讓他「回家把自己的財物資產通通變賣，把金錢施捨給窮人」，此人大概會想「自己實在是無法追隨這個宗教」，並轉身就走。

這就叫「對機說法」。依對象的不同，所說的內容也不同。耶穌當然不會對所有的人都說相同的內容。

然而，當時的猶太教內部幾乎變成了羅馬的殖民地，甚至在那當中，猶太教的導師拉比以及其他成為富豪的人們已經形成了階級。維護他們的既存權力，對當時的猶太教來說是很重要的，因而才會對有可能顛覆它的思想產生抗拒。

這些部分到了後世，變成了弟子的頭腦無法理解的部分。

佛教也存在相同的情況。

曾經釋尊走在山路上時，看到地上有人遺失的金幣，便說：「啊，危險，危險，毒蛇張口了。」撿到了別人遺失的金幣，就有可能懈怠了作為僧侶的修行而墮落，所以才出言訓誡。

這樣的話語流傳了下來，若僅截取這一段的話，就會讓金錢真的變成污穢之物。

因此小乘佛教規定雙手不可直接觸碰金錢。接受佈施的時候，要先把手帕或者包巾鋪在地上，請對方把錢放在上面，再包起來收下。說是一旦碰到就沾染了污穢，但我認為如此作法有些流於形式。

・以「交通事故」為例，來看有關「善惡」的極端思想的危險之處

關於善惡的思考方式，應該屬於「一般危險犯」的範疇。例如，駕

駛車輛有可能引發事故，導致對方死亡或自身死亡。但駕駛車輛本身並沒有錯，但卻因此就說「絕對不可以乘坐汽車」就有些奇怪了吧。

以日本為例，每年因交通事故身亡的人，有時會達一萬人左右，甚至還曾超出過這個數字。現今大約減少至幾千人左右的程度。由於已經習以為常了，不清楚具體情況，但是，假如突然拿出這些數字，提出「販賣車輛讓多達數千人死去，怎麼能允許做這樣的生意」，就難免令人感覺「賣車等於賣兇器」。

即便發生了病毒蔓延，日本每年頂多數千人或一萬數千人染疫身故，但不會因為感染了病毒而輕易地失去了性命。的確會被傳染，但致死率沒那麼高。但是，日本每年確實都會有數以萬計的人，因為車禍而喪生。若是計算從開始製造汽車以來，至今所造成的累計死亡人數的話，恐怕非常地多，可能已突破了百萬。

所以，重要的是看待問題的角度。

如果把汽車看作「兇器」、「會跑的兇器」，說的倒也沒錯。但從便利性上來講，汽車有著不可取代的一面。假如火車四通八達倒也罷了，但畢竟也有鐵軌鋪設不到的地方，也有船去不了的地方，也會遇到想去機場搭飛機，但機場離得特別遠的情況。就算有可能發生事故，終究還是有車更方便。死亡事故可以透過保險等方式加以彌補，以現狀而言很難掀起「消滅汽車」的運動。

同時，也可以在其他方面下功夫。例如提高駕駛技術、努力提升安全性等等。為了防止在轉角處撞上對向車，只要在那裡安裝轉角凸面鏡，就能看得到對向有沒有車開過來，從而防止事故的發生。到了夜間，只要記得打開車燈就可以避免發生事故。事先規定好右側通行或左側通行也可以避免事故，讓大家都嚴格遵守該如何穿越十字路口等交通規則的話，就能減少事故數量。各方在這些方面都有做出努力。

所以，「善惡」其實存在著很難界定的一面。

4　為何沒有地方講授天國和地獄？

希望現代人知曉關於靈魂以及「輪迴轉生的思想」

要是原封不動地實踐原始佛教的話，人們就必須遵守「不可殺生」的戒律。

如此一來，按照釋尊在世時的佛教教義，在山間獵捕鳥獸的獵人、在河川海洋捕魚的漁夫等等都成了污穢的職業，不被允許出家，也不被允許成為信徒。雖說這樣顯得他們有點可憐，不過這也讓人感覺到，佛教的出發點應該是相當純粹的。

直到現在，那般風俗習慣依然存在。或許不只是佛教有「不可殺生」的戒律，想來那是受到了更早之前的印度婆羅門教的影響。

西方認為「只有人類有靈魂」，所以對把動物殺來吃這件事沒有罪惡感。無論殺的是豬、是牛還是雞，反正牠們沒有靈魂，可以淡定的把肉切開吃下去。但是在東方國家，出於「人類之外的動物也有靈魂」的思想，有時在這方面比較嚴格。

在日本，牛肉咖哩屬於家常菜，孩子們也喜歡吃。但要是把印度人邀請到日本讓他吃牛肉咖哩，只要他聽到「這份咖哩裡面放了牛肉喔」就會馬上過敏，說不定還有可能會當場嚇死。

牛在印度被稱為「神的使者」，當地是不殺牛的。

在印度，就算牛在道路正中央睡覺，車輛也會繞道而行，而牛也會擺出一副安穩地置身在天堂一般的表情，眼神相當柔和。一想到「被吃掉」，表情會變得悲壯，但因為牠們知道自己絕對不會被吃掉，所以給人一種非常溫和的感覺。

只不過，我覺得這也有點阻礙了近代化的發展。有時候，由於「牛紋絲不動地睡在路中間」，遇上交通尖峰時段的話還是會特別困擾。

但是嚐嚐印度各地的咖哩，端上桌的基本只有印度唐多里烤雞。在當地，雞肉可以吃，除此以外的東西不可以吃，所以淨是些加了豆子或者蔬菜之類的咖哩，對日本人來說會有些無法理解及不適應。

恐怕那種思想的形成不是因為那裡是佛教的發祥地，而是源於一種佛教出現之前的思想。我想，大概是因為那裡流傳著「輪迴轉生的思想」吧。

輪迴轉生的思想中，存在「即便身為人類，假如過著作為人類不被認可、像畜生或動物般的生活，來世就會轉生成動物」的思想。這種輪迴轉生的思想滲透進佛教當中。我並不否定如此說法。

來到印度，會發現河裡游著碩大的黑鯉魚模樣的魚類。我覺得缺少食物的時候明明可以捕來吃，但當地人卻說：「不，牠可能是『爺爺』，也可能是『奶奶』，一想到這些就吃不下去」，這真是難辨。

不過，「動物沒有靈魂」的西方思想其實是錯誤的。羊也有靈魂，牛也是有靈魂的，所以那般思想是錯誤。出現這種錯誤是因為耶穌沒有講過關於「有沒有靈魂」的內容。

然而在更早以前，從耶穌往前追溯到數百年之前的柏拉圖思想——

在現代認為是蘇格拉底宣講的——看看蘇格拉底、柏拉圖的思想，會發現關於轉生成動物的內容是正式寫進哲學裡面的，很多書籍裡都有提及。

諸如「在世間充滿勇氣活著的人會轉生成獅子」、「想證明自身清白的人會轉生成天鵝」的內容俯拾即是，所以說古代的輪迴轉生思想確實是包含了這個部分。

這些內容明明都普及到了哲學，但在耶穌時代的三年傳道當中卻沒有被提到。

例如在耶穌傳道的當地，用鮮血寫字是一種風俗習慣。可能是用來代替印章，人們會用鮮血寫血書。有時取羊血來寫字，有時作為一種祭祀或者歡迎方式，因此會殺掉羊或山羊。羊和山羊的區別我不太清楚，大概是羊生活在平原，山羊棲息在山地，多少有些區別。在當時，牠們會被殺來吃掉或者用作其他用途。

因為有諸如此類的情況，我想這不算是罪。當然，偷羊之類的行為則屬於侵犯財產權，會形成犯罪。

這方面存在某些傳統風俗習慣的因素，很難瞭解實際的情況。

以我在現代二〇〇〇年代的立場上進行的靈查，當被單刀直入地問到：「人會不會轉生成動物」、「動物會不會轉生成人類」等等關於輪迴轉生的問題時，我不得不回答：「會的。」

從百分比上來說，並不是所有人都會變成動物。但不得不承認的是，當被判定最好轉生成動物的時候，那就會變成一個選項，所以事實上確實「會的」。

因此，希望各位明白這一點，大概很多人都認為這僅僅是傳說而已。

隨著自然科學的發展淪為無神論、唯物論化的佛教學與哲學

即便是佛教學者，不管是二戰之後的著名佛教學者，或是在戰前、明治時代以後的佛教學者，或許多少受到西方思想影響，他們當中有些人認為「人類有可能轉生成動物」的思想，是荒謬的陳腔濫調，是用來教訓人、威嚇人品德必須高尚的說辭。

如果只是那樣也就罷了，但有人甚至會變本加厲地聲稱「人沒有靈魂」、「佛教是無靈魂論。佛教是無神論、無靈魂的論調」。還有人認

為「那是佛教的近代化」。

但是，請先聽我一言。那說法只是斷章取義。假如真是如此，就和共產主義的馬克思所講的「既否定神，也否定靈魂，只存在『僅屬於世間的幸福』。因此為了讓人們在世間獲得幸福，只要把人們的勞動所得分配下去，讓大家平等起來就可以了，如此一來就能幸福」的思想相當接近了。

哲學家容易陷入這樣的迷思。哲學家認為一旦有了信仰，就覺得「心誠則靈」，什麼都去相信，這算不上是在研究哲學。科學與哲學都一樣，假如認為應當用「懷疑、懷疑、不斷地懷疑下去，唯有無論如何也無法懷疑的東西才是真理」的學問去思考，就會出現勸人「把信仰給捨棄掉」的哲學教授。

美國電影《上帝未死》（GOD'S NOT DEAD）裡就描述了這樣的情節。那部影片非常熱門，把擁有信仰的學生取得勝利的事例拍成了電影，我覺得那應該是一個真實發生過的故事。

電影中有個教授，要求來上他的哲學課的學生必須先簽一份否定信仰的保證書，不簽就不能上他的課。有一個學生說「自己是虔誠的基督徒，無法簽名」，結果教授說：「要是不簽，那麼哲學這一堂必修課，你就拿不到A喔。」

「拿不到A」意味著會在求職、考取證照等遇到障礙。就連他交往的女朋友也覺得「不就是簽個名嗎」、「怎麼能跟這種『笨蛋』結婚」而離開了他。還有人認為：「那種東西簽就簽吧。明明簽了就能走上菁英之路，何必為此丟失必修課的學分呢！」但他卻說：「身為一名基督徒，那是違背我本心的東西，不能簽」，於是支持他的人越來越多，直到教授被趕了出去。

不過我覺得，這部電影之所以大受歡迎，是因為那是一個非常罕見的事例，實現起來是很困難的。日本的哲學界現在很可能也是同樣的情況。

也就是說，隨著自然科學朝著唯物論發展，哲學界也朝著相同的方向發展下去了。因此導致宗教學、佛教學、哲學等等看上去都像落後的迷信，因而他們也開始明顯朝同一方向傾斜。

以至於目前已經到了沒有地方講授「天國和地獄」的地步。

更何況在釋尊的教義裡，也存在一部分可以詮釋為無神論、唯物論的內容。

例如，一個名叫中村元的人經由岩波文庫出版了《與眾神對話》、《與惡魔對話》等著作，也寫過與佛陀的對話。

內容並不是否定神。婆羅門教的古老諸神與佛陀進行對話，被佛陀的權威打動而去右繞，也就是順時針繞圈，再拜謁。也就是說，中村元所表達的與其說是否定神，不如說是諸神——就古代日本而言就是民族神——被折服，從而樹立了佛陀的權威。

但是，如果將其理解為「諸神的絕對權力被否定了」也是成立的，所以才有人抓住這一點聲稱「釋尊是無神論」。

5 佛陀想法當中的「區分天國與地獄的基準」

「石沉池底，油浮池上」這句教義的真意

有一部佛教經典叫做《經集》，據說比較貼近佛陀的原話，被收錄到《阿含經》裡面。這其中也包含了與佛教以前的宗教進行對決的內容。

婆羅門教在佛教出現後，被改稱印度教，當時西方的瑣羅亞斯德教、拜火教的「拜火儀式」已經滲透進婆羅門教內部。這在現今佛教當

中也有所體現，有些密宗教派的宗教會把木材堆成井字形焚燒，對此不好太過於否定。

火也有淨化的效果，或許具有「燒盡世間罪業」的意味，從佛陀之前就一直流傳著「焚火供養祖先，祈禱之後，罪可得寬恕」的教義。

佛陀對此掀起了革新運動，當然並非是全盤加以否定，而是給出了嶄新的教義，「決定人去天國還是地獄的，是根據此人的心及行為，是思想與行為決定的」，這是佛陀所說的話語。

這裡的「行為」指的是「業」，「轉生到世間後，想了什麼、做了什麼，決定了此人自身的『業』，而『業』決定了來世去處」，這是佛教的根本。

佛陀指的是，「去天國還是地獄，是依自己的思想和行為來決定的」。《阿含經》中舉了個例子，說：「假設這裡有個池塘，把石頭扔進池塘裡會怎樣？」

經文裡寫道：「石頭扔進去後，由於石頭比水的比重重，通常會沉到池底吧。那麼，假如婆羅門教徒們對著石頭喊『浮上來！浮上來！』石頭會浮上來嗎？不會吧。」

那就是那個人的「業」，在這種情況下應稱作「罪」。意思是「因重罪而墮入地獄者無法得救」，其責任由自己承擔。

反過來講，「假如換成把油壺投進池塘裡，油流出來的時候向祖先祈禱『油啊，沉到池底去吧！』油就真的會沉下去嗎？不會吧。會浮在水面上吧」，這是因為油的比重比水輕的緣故。

也就是說，罪行較輕會浮上來，浮到水面上來的人去天國；比重像石頭一樣重、罪行深重的人會沉下去，沉到池底去。這意味著僅靠焚火、向祖先祈禱之類是得不到拯救的。

儘管那並不是全能的教義，但我認為它在某種意義上應該屬於根本的教義了。包括現代的新宗教出現的謬誤，也幾乎都是卡在這個問題上。

從佛陀的教義看供養祖先以及唱題、念佛等的錯誤之處

・「只要供養祖先就不需要修行」的宗教問題

這些話有些難以啟齒，因為那是一個知名作家兼政治家之人所信仰

的宗教，而且還從中獲得了一百萬張以上的選票。那是一個一味供奉祖先的地方（就是「靈友會」，各位知道那是個邪教嗎？）。

我並不是說供養祖先不好，主要是因為那些人把自己不好的遭遇，全都歸咎到祖先頭上，厄運連連事業不濟、家宅不寧、患病而死、事故身亡等等都是因為祖先沒有回到天國，認為只要供養祖先就不需要修行了。

假如認為「只要做那一件事就行了」，就是一種錯誤的想法。因為此人自身的「思想」和「行為」完全沒有被咎責，只是被一味要求「再去多多供奉祖先」！

・潛藏於日蓮宗系統、真宗系統宗教當中的邪惡誘惑及犯罪

還有，日蓮宗系統的宗教也存在著很多錯誤。由於日蓮宗分成了很多宗派，不能一概而論，有些宗派理解正確，但有些則並非如此。

從各種糾紛、破產倒閉到殺人案，無論發生什麼事情，他們都只會拿出「南無妙法蓮華經」。如果說「只要唱誦『南無妙法蓮華經』的經文名就可救贖一切」，就顯得太容易了，所以他們會說「唱題的次數遠遠不夠，要唱題一百萬遍」。

唱題一百萬遍「南無妙法蓮華經」，可是非同小可的修行。一邊數到一百萬遍，一邊唱題「南無妙法蓮華經」，需要很大的精力和勞力，儘管有時候可以解決問題，但不得不說，其中存在一些虛假的說法。

「南無妙法蓮華經」中的「南無」是「皈依」的意思，所以這七個字說的是皈依「法華經」、「法蓮華經」。

這個「蓮華經」是佛陀的教義，講的是「世間的醜惡及污穢，是一個像沼澤底、泥底一樣骯髒的世界。然而，蓮莖卻從那些骯髒的環境中伸展而出。當蓮莖從泥潭伸展出來、脫離水面的時候，會開出彷彿天國般雪白美麗、潔白無瑕的花」。

所以，「南無妙法蓮華經」就是將「活於濁世、紛亂污穢的世間時，不可玷污己心，必須讓美麗的蓮花盛開」的教義要約而成的經文。

這就是其核心內容，若按此理解「南無妙法蓮華經」就沒有問題。

「這個世間，是一個像泥潭一般、泥沼一般、沼澤地一般的世界。要明白、看清『這是一個如此污穢的世間』。

要看清這是個痛苦的世界。

要看清這是個悲哀的世界。

但是，即便在這樣的世界中，依然可以讓蓮花盛開。

那就是佛法修行。

要始終將其放在心上活著。

這就是所謂皈依正確的正法。」

如此思考，就會知道世間有太多通往邪惡的誘惑，誘惑自己走向墮落的事物數之不盡，所以佛陀告訴人們「身於其中，不要被其沾染，要開出純白的花朵。要讓蓮花完美地盛放，要以此作為人生目標」。在某種意義上，這是妥善地概括了佛教真髓的話語。如果能夠確實理解到如此層次，念誦一百萬遍「南無妙法蓮華經」也無妨。

另一方面，真宗系統的宗教念誦的不是「南無妙法蓮華經」，而是「南無阿彌陀佛」。「南無」是「歸命」的意思，也就是「自身皈依於阿彌陀佛」。

這裡的「阿彌陀佛」，強調的是普渡眾生的釋迦的「拯救」的一面、「慈悲」的一面。

所以這句話的意思是誠心誠意地投入阿彌陀的胸懷，捨棄自己的一切，歸一阿彌陀，歸命於其中。捨命與阿彌陀融為一體，與阿彌陀的心境成為一體，心念阿彌陀。

按照念佛原本的意義，口誦「南無阿彌陀佛」並不是念佛。正如念佛原來的字面意義「心念著佛」，在心中描繪佛、觀想佛，此稱之為

「念佛」。

只不過那很困難，不容易做到，所以人們才會在很多地方建造「本尊」。例如佛像或佛畫，有很多作為替代的東西。在「本尊」的面前，調整己心波長，盼望能與佛成為一體。

「自身雖罪孽深重，但自己願將一切皆託付於佛，隨佛心所欲」，藉此與佛成為一體。進行瞑想，也就是「在內心清晰地描繪出佛姿，盼望與佛成為一體，期望能往生極樂」。

如此想法沒有錯誤，這種思想本身並沒有錯。

然而，濫用如此思想，一味地認為無論犯下何等罪行，只要唱誦「南無阿彌陀佛」就能被拯救，認為「只要心中想著阿彌陀佛」就能被拯救的話，或許就是錯誤的了。

要是把那種思想理解成「像蝙蝠俠的敵人小丑那樣戴著小丑面具，拿著機關槍的男人，到處搶劫銀行、濫殺無辜、偷盜財物，再把錢堆起來一把火燒掉，即便犯下如此眾多罪行，只要說句『南無阿彌陀佛』就能被拯救」的話，那肯定是錯誤的。要是把這句「南無阿彌陀佛」用在慫恿他人犯罪上，就宗教來說就是錯誤的了。

小說《蜘蛛之絲》裡所寫的「當拯救失效時」是什麼意思

讓罪孽深重的自己改邪歸正、洗心革面，這叫做「迴心」。

將心念轉向佛，期盼「自己能為佛的大慈大悲擁抱」，帶著「希望改變今後的人生」的強烈願望信仰佛，日日在內心描繪佛姿。

這才是念佛。

心念著佛，並抱持著合乎佛心、即便被佛看到也不會感到羞恥的人生態度活著。

若可以做到「迴心」、「回心」，洗心革面，步入向佛之道的話，拯救之手就會伸過來。這是理所當然之事，並非錯誤。

只不過當然也存在例外。例如，芥川龍之介寫過一本短篇小說叫做《蜘蛛之絲》。在我看來，那是將真理的一隅，精彩地呈現出來的短篇小說。

本來應該是「阿彌陀佛」，但小說當中是以「釋迦」描述。內容寫道，釋迦在天國、天上界的蓮池周圍漫步，當他往蓮池裡一望時，一眼看到更下層的狀況。這是一種通俗易懂的表現形式，以此來解釋成為那樣的大如來後，即能透過透視能力看到下界的情形。

釋迦望向蓮池水中時，看到了地獄。那是「色情地獄」，也就是「血池地獄」。其中，有個叫犍陀多的人浮沉在血海當中十分痛苦，還有其他眾多亡者也在那裡掙扎著。

要說釋迦是「全智全能」或許有些過頭了，但他只需一眼就能看出眼前之人是怎麼樣的人，包括此人的過去世也全能清楚地透視。

因此，釋迦說：「犍陀多雖然是個作惡多端的惡人，但曾經做過一件好事。」原來有一次犍陀多走在路上，發現一隻蜘蛛，要是直接走過去會把蜘蛛踩死。他覺得蜘蛛有點可憐，就沒有踩牠，放蜘蛛逃走了。

所以釋迦認為「他有過那麼一次善舉。儘管他是個徹底的惡人，但他曾做過唯獨一件的好事，萌生過憐惜生物之心。有過那麼一點點慈悲心，就是那『唯一的一件善行』，救了自己」，所以應該把犍陀多從血池地獄裡拯救出來。於是釋迦從極樂蓮池垂下了一根蜘蛛絲。

「蜘蛛絲」這個詞實在絕妙。真的是「芥川式」的絕妙表現，因為那是人感到不安、似斷不斷的絲線。

這根絲嘶嘶嘶嘶地垂到了沉溺在地獄界的犍陀多面前。「啊！有蜘蛛絲垂下來了！」犍陀多緊緊地抓住它，擔心它會不會斷掉。但這根蜘蛛絲就像釣魚線一樣，看上去隨時會斷，又像是不會斷的樣子，犍陀多抓住它往上爬。

爬到半空中的時候，他想「再往上就是天國了啊」，就拚了命地往上爬。但當他往下一看，發現下面亡者們跟在身後，一個接一個地想順著蜘蛛絲爬上來。

要是蜘蛛人的蜘蛛絲，倒是可以一次救一個人，畢竟蜘蛛人就是那樣救朋友和女朋友的。僅憑一根蜘蛛絲或許可以救出一個人，但由於犍陀多的信仰心不足，「要是身後還有那麼多亡者也都吊在下面的話，蜘蛛絲這麼脆弱，一旦斷了不就完了嗎？這根蜘蛛絲可是為了老子才垂下來的」，犍陀多如此心想。

話雖說的沒錯，但當他把「你們都給我放手！要不然蜘蛛絲會斷的！」這句話說出口的那瞬間，蜘蛛絲就啪地一聲斷掉了，所有人又咚的一聲掉回原來的血池地獄裡。這就是《蜘蛛之絲》所講的故事。

並且裡面還寫到：「釋迦像什麼事都沒發生過一般，漫步在蓮池周圍，馬上就要到中午了。」我感到芥川作為小說家，能將如此真理概括成一篇簡單的小說，筆力著實不凡，他在一定程度上應該也是個懂得釋尊之心的人吧。

所以，即便萌生了「迴心」之心、「佛心」，出現了想走入正道的想法，但要是在那當中「只想讓自己獲得拯救」的想法太強烈，浮現了「別人怎麼樣我才不管，只要自己能被拯救就行」的念頭，那麼拯救就會「失效」。

例如可以想像一下這樣的情形，在宮廟裡求籤時，「啊！自己求的籤是大吉！太好了，是大吉！可是大吉應該只屬於我，不能讓別人也抽到，不可以有那麼多大吉！」於是跑到宮廟裡面，打開全部籤筒，把大吉全部抹掉，改寫成末吉、小吉等，讓大吉「只屬於自己」。

這實在是太卑劣了。不允許別人幸福，唯獨自己一個人幸福就好，這種「實在太卑劣了，不值得拯救」的感覺，各位應能體會。

做了善行，則惡行就會變少。做了多少善行，就會減少多少的惡。當競爭心、利己心變得強烈時，就會去阻擋他人、排斥他人，滋生出只願自己一個人幸福的念頭。如此一來，拯救就會「失效」，求道之心、「迴心」之心會變得徒勞，對此不可不知，此為根本道理。

原則上，正如先前所述，所謂「石沉池底，油浮池上」。抱持良善的思想、行良善行為之人，當然會前往天國。然而，那些在世間犯下罪行，或者想盡、做盡壞事的人們，則會沉到「池底」。

6 世間之罪死後會被如何審判？

人生的罪業皆會被「照妖鏡」映照出來，無法逃脫

還有一個天國、地獄的存在理由是，「即使逃脫了世間法網而自鳴得意的人，也逃不了靈界的法網」。

例如，在世間殺了人，自己被判了死刑或無期徒刑、有期徒刑二十年等等，已經在世間好好地贖罪過的話，雖然不知道是否能因此獲得原諒，但罪孽多少會減輕一些。

然而，明明在世間殺了人但沒被發現，自以為「成功逃脫了，太好了，活著的時候保住了享有名譽的職業」，但在靈界必定有閻羅王存在，在閻羅王的面前，所犯下的罪業一定會被揭發出來。

「照妖鏡」是自古就有的東西。對照現代，照妖鏡可能就成了電影的大銀幕、電視螢幕或ＤＶＤ之類的東西。關於人生的每一個段落，會映照在銀幕上，讓人們看了之後反省，並被詢問：「看過自己的人生後，你對自己是什麼想法。」螢幕上的一幕幕畫面，都是供此人自己判斷的依據。

並且，雖然這些人不算陪審員，但一些已經身故的親友，也會出現在那裡與此人一同觀看，儘管他們有各自的意見，但是畫面一直播放到此人自己認為「這下應該是要去地獄吧」停止。之後，此人將開始「地獄巡禮」。

所以，哪怕是逃脫了世間的法網，用「反正沒觸犯刑法」之類的說辭來狡辯也沒用。

有些人以為只有觸犯刑法之人才會墮入地獄，還有人雖然思考到了天國、地獄的問題，卻仍舊以為只有觸犯了刑法，或觸犯了民法，例如欠了一屁股債並逃跑的人才會有那樣的下場。但是，世間的法律也有一部分是錯的，有專為選舉取勝而制定的法律，所以不能說所有法律都是正確的。

人們普遍認為「不觸犯法律之人是善人，犯法之人是惡人」。在第一階段或許是如此。例如，中國、北韓的法律，因為不清楚那些法律是否正確，關於這一點仍有考量的餘地，但法律未加審判的東西，到了靈界後是會被審判的。

「閻羅王」、「閻魔大王」，或者「鬼」就是靈界負責審判的象徵。

人們都以為赤鬼、青鬼是神話傳說，但在最近出版的《赤鬼的靈言》等書中，已提到他們是實際存在的（參照《江戶三大閻羅王的靈言》、《色情地獄論》、《色情地獄論②》等幸福科學出版發行）。

或許在罪人的眼裡能看出青鬼、赤鬼，但其他人就不一定了。鬼看上去可能會像檢察官，閻羅王看上去可能像法官。在地獄之類的地方，眼中所見的世界會依此人的心境而有所不同，所以才會產生出如此差別。但是，審判是一定會有的。

除此以外，還會有「地獄巡禮」。地獄有很多種，針對具體罪行的地獄有很多，會按照順序「巡禮」下去。

目前進入了二〇〇〇年代，現在我明確指出「地獄是真實存在的事實」。因為幾乎沒有人能對此具體講述，所以我只好說出來。

擁有信仰心固然重要，當然光有信仰心還不夠。具備能指引方向的信仰心雖然重要，但是不是只要有了信仰心，任何人都能上天國呢？

基督教基本上就是這樣想的。他們認為擁有了基督教的信仰就能上天國，沒有基督教信仰的人就會墮入地獄。有人說「如果真是這樣，那麼基督教出現以前的人豈不是都無法獲得拯救」，並隨之出現了「煉獄」的思想。

所謂的「煉獄」，就是日本所說的「地獄」。日本觀念裡的地獄，是一個經過充分反省、贖罪之後，便可以返回天上界的地方。所以基督教中的「煉獄」幾乎就相當於「地獄」。「反省之後便可回到天上界的地獄」，在基督教會當中被稱為「煉獄」，而基督教稱為「地獄」的地方，大多指的是「絕對上不了天國的世界」。

這個「地獄」是有的，成了惡魔是肯定進不了天國。惡魔，或者是墮入無間地獄那般井底最深處之人，是無法輕易地上天國的。蠱惑人心的思想犯們，則是根本出不來。

靈界存在著如此事實，希望人們能具備這些知識。

污染上唯物論的現代人大多回不了靈界，會變成地縛靈

關於地獄諸相，還有眾多必須講述的內容，本章無法一次說完。

不過，若要再補充一項新的內容，即是以下的話語。有很多人認為「天上界和地獄界是完全異於世間的世界，人在死後會離開世間，前往那般世界」，然而在現代，唯物論式的科學思想蔓延開來，大眾接受了那般學問教育之後，讓非常多的人認為靈界不存在。

對於這些不相信靈界存在的人而言，既沒有地獄，也沒有天上界，所以死後無處可去。

既然無處可去，除了這個被稱為「現象界」的三次元世界之外，便沒有棲身之地了。因為他們認識不到地獄和天國，就會依舊存在於這個三次元世界。

他們存在於三次元，以為自己還活著，卻發現似乎進入了一個有點異樣的世界，例如「別人聽不到自己的聲音」、「不知為何自己能穿越牆壁」、「明明撞上了人卻直接穿過去」等等。帶著不知道自己是生病還是出現幻覺的疑惑，進而留在世間的人比比皆是，並且這樣的人急劇增加中。

各位可以將這視為另一種「地獄」。

並非只有地獄的世界是獨立的。受到裁罰之後的人們，雖然是存在於地獄界，但是那些沒有意識到自己已經死了，仍舊徘徊在世間的人們，其實也是身處在某種地獄界當中，並且那樣的人非常地多。

並且，這些人會變成地縛靈，徘徊在自殺的飯店、學校、平交道之類的地方，或者附身在交通事故中撞死自己的人身上，透過這樣的方式肆意作惡。可以說，他們活著就是在地獄，是真的活在地獄當中。希望各位對此能夠明白。

在本章，我姑且以「地獄入門」為題，講述了概論性的內容。接下來，我會更加詳述有關地獄各個面向的內容。

以上即是第一章的內容。

第2章

地獄之法

——死後，等待著你的「閻羅王」的裁罰

1 現今，想要讓現代人知悉的「閻羅王的本心」

原則上，沒有信仰心之人將墮入地獄

本章的章名訂為「地獄之法」，或許本章是本書的重要主題之一。「地獄之法」聽上去有些廣泛，不容易理解，但若是換句話說，本章內容應可說是「閻羅王的本心」。

因此我在本章當中，將講述各位非常受用的內容，也就是「實際上，自己會如何被閻羅王裁罰」。

根據罪刑法定主義，人們會知道做了什麼事，將會受到什麼樣的刑罰，明知故犯之人就是罪人。但是在現代這個失去了信仰心、不學習宗教、道德淪喪的世道，即使告訴人們「這麼做會墮入地獄啊」，大概也不會有人理會。

對現代人來說，人們認為「地獄本身就在人世間」。例如，也許在很多人眼裡，在世間遭遇失業、失戀、暴力、謀殺等「世間的不幸」，視為「地獄」，遭遇了這些就是「陷入了地獄」。

但實際上，每個人都一定會死。現代人最久也頂多活到一百二十歲左右，所以每一個出生的人必定都會死，這是無法逃避的事實。無論醫學如何發達，百分之百都會敗給如此事實。

儘管延緩死亡時間、暫時改善身體狀況等是有可能的，但絕對製造不出死不了的人類。我想，所謂的「不死之身」，只有永久機器人這一個可能。但機器人也會發生故障，會耗盡燃料，會發生各種各樣的狀況，恐怕遲早也會失去功能。

比起人類，大多數動物的壽命更短，所以人在活著的時候，會時常目睹動物死去的情形。例如寵物、貓狗之類。還有，被拿來作為食物的動物也會死。舉個淺顯易懂的例子，就算是暑假去捕昆蟲的孩子們，看到獨角仙、鍬形蟲的死，也能很容易地領悟到「什麼是死亡」。

所以，重要的是人們應該怎麼做、怎麼思考。有一個大重點，那就是「原則上，沒有信仰心之人將墮入地獄」。

這裡所說的信仰心，並不用到明確地說出自己信仰哪宗、哪派。所謂擁有信仰心之人，是那些無論能否用言語明確說出來，但都能發自本心認為「神佛或高級靈、光明天使、菩薩等等都存在」的人們。

還有那些心裡想著「做壞事可能會墮入地獄，做善事是盡到了做人本分的人生態度，並且希望這樣的人，來世能獲得幸福」之人。基本上，判定是上天國還是下地獄的時候，缺乏這般宗教心的人會墮入地獄。

即使是專業的宗教家，若沒有信仰心又不清楚本質的話會墮入地獄

因此，現今日趨淪為一個什麼都全託付給世間的時代，著實有些讓人頭疼。

例如，有些人連經文都看作是「語音」而已，把善於誦讀經文的僧侶的聲音複製到機器人身上，派遣機器人到葬禮上代替僧侶誦經。這在現代成為一種商業服務，被業者推向了市場。

並且，根據經文的篇幅長短，價錢也不一樣。例如「機器人誦經一小時只需要二十萬日圓」、「請真正的僧侶來則要花到一百萬、兩百萬，有時花費甚至高達三百萬、四百萬日圓」，在這種「我們更便宜喔」的折扣思想下，有些人將「誦經」歸類到了服務行業，做著類似的生意。

但是，做這行生意的人，無論是製造、銷售機器人的人，還是提供服務、接受服務的人，通通都要下地獄，這是絕對不會受到原諒的。

這種無視於靈性世界和佛法真理的本質，僅止於世間的人工作業，作為唯物論的一部分而存續下來的生意，絕對不會受到容許。讀誦經文與歌手唱歌不同，不是屬於同一類的東西。

此外，說到誦經、誦讀經文，由理解本質的人來誦讀的話，具有一定的功德，如此才能弔唁死者，誦經期間有時會有天使、菩薩會前來引導。由完全沒有開悟的人來誦經的話，即使是專業的僧侶，也經常沒有效果。

這樣子的人會變成怎麼樣呢？既不相信有靈界、不相信經文的功德，也不理解其中內容，僅僅把它當成一種職業的話，如此行為與「庸醫」無異。因此，哪怕是僧侶，沒有信仰心的僧侶或說謊的僧侶、騙人的僧侶，都會墮入地獄。

教會的牧師也是一樣，神父也一樣。有些人明明不相信，卻為了生活、為了生計，將其作為家業繼承了下來。牧師可以結婚生子。因為需要有人繼承這份職業，所以才被許可。然而，有些人只是擔心沒有家可以住，所以僅是在形式上從神學院畢業，學了有關神的事物，做著相關的工作，但此人內心卻沒有信仰。遺憾的是，在不清楚本質的情況下，作為專業人士從事相關職業的人將墮入地獄。我不容許這樣的事。

實際上，就連地獄裡也有人在做這種工作。因為地獄裡有很多人想獲得拯救。於是他們針對那些人進行「虛偽說法」，宣講錯誤的教義，引發混亂。結果別說是獲得拯救了，反而延長了這些人在地獄裡的生活。這種人必將遭到更嚴厲的下場。

到了地獄裡若還蠱惑人心，就必須再往下墜、往更嚴酷的世界墮落下去。

因此，首先會根據此人是否擁有信仰心，或者可視為信仰心的思想、心境，進行嚴格的判定。

閻羅王的法庭會將生前的「想法」、「行為」、「心聲」全部記錄下來，無法逃避

接下來，此人將回顧自己生而為人的一生，其想法和行為將會被檢視。

行為的方面應該比較容易理解。即法律等明訂，有些事情「絕對不能做」。犯罪也算，不法行為也算，諸如此類的行為，相對比較好理解。但是，自以為「不被別人發現就行了」而肆無忌憚的人，比比

皆是。

這種「避人耳目做壞事」的行為，將全部公諸於眾。會有人拿「照妖鏡」或者類似生前影像的東西給此人看，此人應該反省的重點會被指摘而出，並會被要求對自己的所作所為進行反省。

然而，這並非只是單方面的定罪。在「閻羅王的法庭」上，善行與惡行將同時受到檢驗，將兩方面進行比較之後，根據兩者相抵的結果進行判定。

所以，同樣是殺人犯，有的人已經受到了嚴懲，在監獄裡洗心革面。洗心革面後重回社會勤勉工作重新做人，這樣的人或許可以在一定程度上得到酌情裁決。又或者就算是被判處死刑的人，假如此人已經悔過，意識到「生而為人，那樣活著是一種失敗」，那麼即使此人在靈界無法直接回到天國，但在反省場所之類的地方接受指導，進行了一段時間的反省修行，期滿之後也是有可能升上天國的。

只是那些以為「不被人發現就行了」的人，好比暗中殺了人、對他人施以暴力、暗中幹了壞事，既沒被發現也沒被逮捕，犯下過搶劫、偷盜以及其他犯罪行為，自以為「逃脫了世間法網」、「既沒被世間的警察逮捕也沒受到審判，成功逃脫了」，或者「自己是智慧犯罪，靠的是腦子，那些壞事都讓別人去做，自己裝作什麼都不知道而僥倖脫身」的人，這些人絕對逃不過「閻羅王的裁罰」。在世間缺少證據就無法審判，但是在閻羅王的法庭上，證據會從靈性上全部展示出來。生而為人，在世之時所做過的事情、有過的想法等全都會被記錄下來。

當那些記錄被亮出來的時候，就會知道那些是從自身的守護靈看過的情景記錄中讀取而出的。其中，也包括自己的眼睛所見的。「可以看到自己正在做的事情」意味著「是有人站在第三者的角度上看到的」，基本上那是守護靈把此人的人生以錄影、錄音的方式記錄了下來，其中還包括了此人的「心聲」。

這些記錄會被做成「摘要版」總括此人的人生，從而在靈界作為證據被拿出來。世間的法官在辦案的時候，如果缺少了警察的調查記錄、目擊者的證詞、自白或經鑑定的科學證據等等，是無法判定有罪的。但在靈界，所有證據都將被展示出來。

有時，隨著年齡的增長，人會逐漸忘記很多做過的事，但死後回到靈界時，全部都會想起來的。

靈界的時間，在形式上是與世間鐘錶上的時間有著些許不同。各位有時應該聽過這類的事，「爬山時從山上掉了下來。短短數秒當中，在墜落到地面之前的這段時間裡，自己的一生彷彿走馬燈般浮現在腦海裡」，在靈界其實就是如此。

不是度過了六十年的人生，就會浮現六十年之久，而是會在其中穿插檢驗重點，以便於在極短的時間中回顧、檢驗一生。

所以，去地獄之前要經歷的「閻羅王的法庭」，基本上是公平的，自己在世間想過、做過的所有事情，全都會一件不缺地被記錄下來。

這些記錄也存在於其自身的靈魂裡，以前我曾使用過「想念帶」一詞，那是類似錄音機之類的東西。內心的聲音全會被記錄下來，做過的事情也像拍影片一樣被記錄了下來。因此只要讀取意念的磁帶，此人是什麼樣的人，馬上一目瞭然。

說起來，過去有所謂的黑膠唱片，不把針頭放在黑膠唱片上，或者不聽上一個小時，就不知道那是什麼音樂。但根據靈界的法則，只要看一眼唱片上刻劃了什麼樣內容，就能知道此人是什麼「曲調」。特別是成為了高層次的靈、高級靈之後，瞬間就能解讀出來。

若是出現了有人「無論如何都無法接受判決結果」的情況時，法庭會以靈性方式召喚此人已經身故的朋友、有緣之人或被害者過來。如果認識此人之人尚活在世間，法庭就會召喚活在世間之人的守護靈，讓他作為證人站在現場，並詢問：「這個人是這麼說的，是真的嗎？」以此來進行調查。

例如，發生了「拖欠了好幾年的房租，由於一直被追討，就把房東殺了」的事件，這宛如小說《罪與罰》裡的情節。假設發生了這樣的事件，即使警察沒有查出犯人是誰，法庭就會將被殺害的管理員的靈召喚過來，讓雙方直接見面對質。只要此人證實「是的，我就是被這個人殺害的，不會有錯」，那麼證據就一目瞭然，並且還會重現作案現場的情形。

所以，「任何一件壞事都逃脫不了」。

那麼，重要的是什麼？生而為人，若說要完全不做壞事的活著，我覺得在現實上是有些困難的。若是想「解決問題」，有時人就會「犯錯」，每個人都會犯錯。然而，重要的是要把努力爭取及格作為目標，哪怕在某處失了分，也要爭取得到更多的分數，以度過一個及格的人生。

對照信仰、對照世間法律或者對照身為一個人的道義之心，這麼做是否正確的？例如，自己的雙親看了會怎麼想？街坊鄰居看了會怎麼想？又或者，公司的同事們看了會怎麼想？更有見識的人們看了會怎麼想？就是如此。

2 影響力深遠的「思想犯」罪孽深重

即使有「言論的自由」，「錯誤的言論」也會受到嚴厲的判決

但是，世間的判決也存在著錯誤。

例如，在我看來，有些雜誌簡直把自己當成了「閻羅王的化身」去追究人們的罪責。針對其中正確的部分還可以酌情斟酌，但還有一些是錯誤的。

根據錯誤的資訊對他人進行貶低、中傷，或者是造成對方丟掉工作的行為，即使他們自認為是模仿閻羅王行事，但從結果上來看，這類週刊雜誌的總編、電視臺或報社的主管，以及決定報導內容的負責人等，九成以上都去了地獄。

儘管現今建立了基於言論的民主主義，但若言論本身是錯的，那麼就算是民主主義，最終也變成了「錯誤的民主主義」。因此，現在地獄人口急劇增加，實在是很棘手。並且其中很多人來到地獄之後仍是不接受勸說、冥頑不化，實在麻煩。

因為犯錯的是在世間擁有判決權威的人們，所以那些錯誤的觀念已經灌輸到人們的心中。

大學教授也是一樣，儘管他們當中在世間犯罪過的人比較少見，但若是他們傳授的內容裡出現了錯誤，那麼聽講的人就會深受污染，進而會連綿不絕地引發連鎖反應。

這種情況稱之為「思想犯」，思想犯的罪孽出乎意料地沉重。世間有殺人、搶劫等各種犯罪，這些都是肉眼可見的「惡行」，很容易理解。但思想犯的話，其罪行很難被發現。

尤其是雖然日本憲法中規定了「思想、言論的自由」，但是，若問「錯誤的言論是否也享有自由」，那麼說到底，這個部分終究還是會在靈界遭到嚴厲判決。使眾人陷入不幸、導致錯誤結果的人，當然要承擔責任。

「報紙地獄」、「電視地獄」、「週刊雜誌地獄」、「網路地獄」等新型地獄

另一方面，隨著網路社會的到來，匿名誹謗他人的行為在網路上肆虐，到處都是「炎上」的景象。由於現行法制不夠完善，在這方面尚需要探討，而這也是當下地獄正在研究中的緊急課題。

基本上，即便不知對方長相，也不知道對方姓名，但如果有人把針對他人的誹謗中傷、批判、當著對方的面說不出口的話語、毫無根據的言論，以及在他人面前絕對會穿幫的言論等等，發佈到網路上，藉此來貶低他人、設下圈套的話，如今這種使用「言論暴力」的人們，成為了新的裁罰對象。

所以，至今的古老地獄，似乎有些不夠用了。細分下來，類似「報紙地獄」、「電視地獄」、「週刊雜誌地獄」以及「網路地獄」之類的地方開始出現，各處都需要專家，也就是需要具備某些專業知識的地獄法官來進行審判。

此外，不只是利用網路來說謊、傷人，有些人還會利用電腦進行更有計畫性的大型犯罪。

有些駭客會竊取其他公司的資訊或者他國資訊，以不法手段加以濫用；還有駭客會用電腦竊取他人存在外國銀行裡的財產，這種犯罪行為一旦被舉證就會遭到逮捕，但他們會以高明的手法避免留下證據。

除此之外，世間還流通著電子貨幣。如果信用上沒有問題，發行、應用電子貨幣的人也秉持著良心，基於「良心和信用」推動有益於人們的經濟行為，那就有容許的餘地。

但是，若是將此作為「新型詐騙」，濫發虛擬貨幣、操作電子貨幣並用於犯罪上的話，有些就不適用於過去的地獄，審判起來比較困難。先前提到了「網路地獄」一詞，目前已經出現了「電腦地獄」，或者說「電腦空間的地獄」，所以在靈界也出現了眾多這方面的專家。

出乎意料的是，該領域人才輩出，很多人目前正在從事相關的工作，所以閻羅王會邀請其中正直、優秀之人來到法庭上，傳授基本法則，請他們參與審議，詢問他們「以你的專業知識來看，這是否正確」之類的問題，徵詢他們的意見。

也就是說，現在會把具有此類技術的理科人才，請到地獄的閻羅王法庭上幫忙。否則，僅憑至今的古老概念，無法應對「現代犯罪」以及

「尚未定義是否為犯罪的犯罪行為」。

閻羅王殿「絕不原諒」對大眾造成影響的思想犯

綜上所述，現狀變得非常的複雜，並且方才提及了「想法」和「行為」，想法和行為是連動的，基本上希望各位先從「想法」上進行反省。

首先是「貪欲」，英語是「greedy」。其意思是欲望深重。日本的傳說當中，有貪得無厭的老爺爺和老奶奶的故事，說的就是這種人。欲望深重的人，會被亮出「紅牌」。

此外是「憤怒」。不必要的傷害他人，或者讓家庭陷入困境、讓組織陷入困境，因為控制不住憤怒情緒而不斷造成社會不和諧的人，是一種「公害」。針對這些持續做出「公害」行為的人，會要求他們自己去收拾爛攤子，並且對於因為自己的憤怒而傷害到他人的部分進行償還。

另外還有在第1章裡提到的，基於「無知」的思考模式。

在學問的領域當中，「基於無知的領域」已擴張到非常巨大，透過傳授毫無價值、如糟粕般的學問和知識來維持生計，用那些糟粕到處講課的人不知有多少。

這種人就算是出於無知，也會被追究責任。基本上他們是在「二選一」的問題上出現了錯誤。既然是錯在「二選一」、「左還是右」的問題上，那麼就不會被原諒。

所以，傳道授業之人，必須無止境地追求「真理」、無止境地追求善惡中的「善」、無止境地追求美醜中的「美」。以此為方向付出努力的學者等人士，有可能能前往六次元界的上階段層次，然而頭下腳上地墮入地獄的也大有人在。就算在世間擁有某某大學教授的頭銜，只要此人長期傳授錯誤的內容就屬於「思想犯」，根據其思想蔓延了多少、有了多少的影響力，此人就會墮入多深的地獄。

不僅學者如此，發表言論的名嘴、小說家等作家、發行報紙、雜誌、製作電視節目、電影以及其他作品的人也是如此。這些人當中也有非常多的思想犯。對於這些人，「由於對大眾造成了影響，絕對不可原諒」，基本上這就是閻羅王殿的態度。

有些犯罪屬於「個人對個人」，影響還算比較小。但是，向大眾灌輸思想，例如透過書籍、漫畫、電影、電視節目及其他方式造成影響的人，存在於政治家以及其他各種領域。由於這些人對大眾造成了影響，即使在世間受到推崇，但從佛法真理的角度來判定善惡的話，他們顯然會被判到「惡」的一方。

也就是說，他們就像公害，像是從河流的上游撒毒、倒水銀一樣，因此造成了魚的脊骨彎曲、出現很多畸形的魚。吃了那種魚的人又會罹患各種疾病，備受痛苦，導致眾人的人生陷入不幸的狀態。所以，造成如此狀態之人，怎麼可能他們感覺自己出人頭地成功了。

反倒是那些「在世間沒獲得成功，度過了平庸的人生，只能影響到自己的家人。自己在公司也被當成了機器的替代品而已，實在遺憾，這樣的人生實在好無聊啊」的人，回到靈界之後，因為罪行較少，所以可以較快從地獄出來。然而，那些一肚子壞水，創辦了大企業、賺了大錢的人，由於此人的影響力很大，所以無法輕易得到寬恕。

製造、銷售假藥，把實際沒有效果的藥品謊稱有效來推銷的人，或者制定錯誤法律的政治家等人，是會受到嚴厲懲處的。

從世間的角度來看，大多數人的想法是「人生就只有這輩子，所以我要在這一百年或一百二十年內的人生當中，盡可能地展翅高飛，獲得眾人的尊敬，做個有錢又有名的人，除此之外別無所求」、「如果還能獲得異性緣的話，那就是好上加上好」。但如果有人是抱持錯誤的想法、做了錯誤的事情的話，那麼此人最好要認識到「來世的罪行之重非同小可」。

3 世間的價值判斷不適用於地獄的判定基準

在世間的修行效果是靈界的十倍

若是說得更單純一點，三次元的物質世界與靈界不同，沒有辦法容易地理解。所以，比起在靈界行善，在世間行善更難；比起在靈界反省，在世間反省更難。

也就是說，有時候在世間修行一年，相當於在靈界修行十年。因此經常出現「僅活了數十年並被判定為惡人之人，卻要在地獄裡受苦數百年」的情形。

活在世間有好也有壞，人在世間有著肉體，必須身處於事物之中，利用事物活下去。所以從某種意義上來說，大家都像盲人摸象般地活於世間。因此，如果有人能在如此情況下分辨出「善惡」、分辨出「真偽」、分辨出「美醜」的話，那麼此人的修行效果則是卓越有效的。

正因如此，才會出現一次又一次轉生到世間的現象，因為有很多東西要學習。

人在靈界是以靈體存在，所以可以很容易地覺悟到自己是靈。但是，太多的人連如此簡單明瞭的事實都搞不清楚。因此，附身在世人身上作惡的人，既不明白靈界存在的意義，也不明白自己是靈體，所以曾經活在世間的他們，會把自己無法返回靈界的情緒，發洩到被自己附身之人的身上。

不清楚自己是靈的人，例如在山道急轉彎處發生交通事故而死的人，就會在那附近變成地縛靈，遇到胡亂開車之人或酒後駕駛之人，就會瞬間附身到他們身上，再次引發事故，重複同樣的事。

這說明了確實有人因為缺少思考的材料，而搞不清楚狀況，這真是令人遺憾。

此外，幾十年前曾有個在世間擔任過檢察總長的人，寫了一本自傳，書名叫《人死後就會變成垃圾》。那樣的書竟是一個擔任過檢察總長的人寫出來的，說著「人死了就會變成垃圾」，這就是「極致墮落的唯物論」。

這樣的人若站在裁決善惡的立場最高處，那麼此人的罪行會相當深重。因為此人只從唯物論的角度看待問題，或許他自認為走的是「閻羅王之道」，以為自己立刻就能從檢察總長變成大閻羅王，但這種在思想上存有錯誤的人是不會被寬恕的。

法官也一樣。因為司法考試裡完全沒有宗教科目，僅根據世間的知識進行判決。雖說其中大約七、八成的判決，在一定程度上還可以接受，但是還有其餘的兩、三成是錯誤的。

法官必須對照良心去審視判決是否正確。經常做出錯誤判決的人，若其中存在致命性的錯誤，即使當過法官也必定會墮入地獄。

就算是律師，品德敗壞的律師必定會下地獄。例如，有的律師會「告發宗教的犯罪」。雖說其中有一些屬於正當行為，但若情況相反，他們是故意要將肩負神佛使命的宗教，從社會上抹殺掉的話，那麼很遺憾地，這樣的律師們即使胸佩律師徽章，也是要去地獄的。

所以，世間的價值判斷完全不適用於地獄的判定基準。世間的學歷不適用，資格證書也不適用。是否受人尊敬、是否有錢、房子大小、家世背景，例如是不是貴族、皇室成員或名門望族等，這一切都不在考慮範圍之內。代表其人的，從頭到尾唯有信仰心，以及此人的想法和行為。

我認為「貴族制度崩塌，實現四民平等的世界」在某種意義上是一件好事。在過去的時代裡，只要身分夠高，就連欺辱、殺害身分低的人們也不會被治罪。與此相比，現今的狀況優於過往，法院會根據「是否屬於人類應有的行為」來進行裁決。

不過，「閻羅王之法」並非僅是墨守成規。正如方才所述，閻羅王會針對此人的善行與惡行的兩方面進行比較和衡量，還會考慮其他相關人士的意見，判斷「是否存有斟酌的餘地」之後，再判定其罪行。

思想犯被隔離在地獄最底層的「無間地獄」

有些罪業深重的人甚至不必經由閻羅王的法庭，死後直接頭下腳上地墮入地獄最底層，這些人是任誰來看都是無可救藥的人。

在那些墮入地獄的人當中，更有一些人在跟佛法真理有關的事物上唱反調，以此來妨礙、干擾他人。造成地獄人口增加的人，絕對得不到饒恕，因此大多直接頭下腳上墮入地獄。

即使如此，這些墮入地獄當中的人們仍頑固地堅稱「靈界不存在」、「神佛什麼的根本不存在」。這些人大多都覺得自己是看到了幻想的世界，還有人覺得自己是被監禁在類似醫院特別病房的地方，實際上他們所在之地是「無間地獄」，是墮入了地獄的最底層。

無間地獄的特徵是，儘管還有其他墮落進來的人，但彼此互相看不見，自己好像掉到了一片漆黑、伸手不見五指的井底一樣。拿監獄比喻的話，就像是被關進了獨居牢房，完全不能跟其他人講話，也看不到他人的狀態。

由於此人被當作思想犯，處於被完全隔離的狀態，即使其他人就在自己身邊兩、三公尺之處，彼此也無法相互認識、交談，徹底被置於孤立無援的狀態之中。基本上，這種人被隔離的期限會很長。

其中，有些人會漸漸地開始反省。在那種情況下，當機會來臨時，會有適當之人前去。就像監獄裡有時會有教誨師的宗教家前去講道一樣，經過了一定的時間之後，適當之人會前往無間地獄。

這些人大多是存在天國、天上界，立志要成為光明天使的人們，是光明天使的「預備役」。這些類似「光明天使的實習生」，為了積累實踐經驗前往地獄，與那些人們交談，糾正他們的錯誤。然而，無間地獄當中，很多人無法把在世幾十年間的固有思想扔掉。

那些人幾乎都很自大，自認為自己是一個極其偉大的人，不肯向人低頭、不肯承認錯誤，所以監禁時間會變長，無法獲得拯救。但是，其實他們既孤獨，又寂寞、悲傷、痛苦、饑餓，真的就像是被判無期徒刑的狀態。

4 關於物以類聚的「地獄法則」與地獄諸相

在戰爭中具有正當性的人們不會被問罪，但具有「地獄性因素」的人們，會墮入「阿修羅地獄」

比較淺層一點的地獄，人們身邊會有很多夥伴。大致上，地獄存在著「物以類聚」的法則。

又或者可以稱為「病以類聚」。在醫院當中，患有相同病症的人會聚集在一起。精神相關疾病的病人聚集在精神科，心臟類、頭部類的疾病也會各自聚集在相應的病房。聚集在各個病房的病人，大致患有同一種疾病。就像癌症患者會聚集到癌症大樓一樣，在地獄裡，具有相似傾向的人們也會聚集在同一個地方。

並且，透過與同類型的人在同一個世界裡反覆爭鬥和破壞，會逐漸意識到自己的錯誤。

不過，由於有些時代發生了戰爭，所以無法斷言與戰爭相關的人「全都是惡」。有時就連神佛，也會有感到「逼不得已」的情形。並不是說連那些也會被追究責任，也並不是說歷史上透過戰爭建立國家的人，或者做過將軍的人通通都是惡魔。

有些戰爭是有必要發生的。有人為了保護國民而浴血奮戰，也有的人為了保護家人，而興起身為人類最低程度的戰役。

這在法律上被稱作「正當防衛」。例如夜裡有人闖進家裡搶劫，用刀械、手槍朝家人動武，並且企圖掠奪財物。面對這樣的人，丈夫會奮起痛打罪犯，在允許私人持有槍枝的國家中，還會拿起槍枝反擊。演變成那種狀態，基本上世間也會做出審判。

如果世間的審判是合理的，則可到此為止。若審議還有未盡之處，閻羅王的法庭就要作出裁決，在一定程度上斟酌該行為是否屬於自衛或是否具備正當性，判斷該行為是不是在「逼不得已」的情況下發生的。

以當今的日本為例，有時會遇到「可能即將發生戰爭、即將被捲入戰爭」的情況。

或許以我現今的立場不該說這些話，應該由政治、軍事方面的負責人來說，但假設北韓製造了眾多核武，並且不分青紅皂白地朝日本打過來。

若是因此造成了數百萬、數千萬的日本人喪生，甚至還要求日本成為北韓的附屬國，要求日本交出所有財物，今後淪為奴隸的話，那麼，日本政府為了保護國民而積極製造武器、進行應戰防衛的行為，即便根據「閻羅王之法」也不會被判定為「惡」。

這是理所當然的，既然作惡的是對方，不會受到寬恕的是對方，對方必然會遭受判決。不過，還有一種情況是雙方都犯下了一定程度的罪惡，對此將個別進行判定。

根據兩千五百年前的佛陀之法，有人問佛陀「發生戰爭之時，作為戰士上戰場的人們是否有罪」，佛陀回答「首要之罪在於國王」。

只是有時候責任不在國王身上，現今出現了首相、總統等各種職務，但重點是首先會被究責的是國王，此人會被追究發動戰爭是否正當。

若是首要責任不在此人身上，那麼就是在將軍身上。將軍們會被追究「興起那場戰役是否正當」，職務級別越低，要負的責任就會變得越少。

例如，作為一名警察或自衛隊員，有時無法違抗上級的重大命令。當上級要他們瞄準目標一起開槍的時候，只能聽命行事。針對這種情況，如果該行為所依照的義務、指揮命令系統、法律系統是完善的，有時會不被問罪。

因此，不是說興起了戰爭及做出上述行為，就必定會被問罪。只不過，倘若與敵國或其他民族發生戰爭的期間，做出了超越人性的殘忍、卑劣的行為，以至於必須作為個人被究責時，那麼即使是個人也要被追究責任。

例如在非洲的某個國家，曾發生過圖西族和胡圖族，彼此揮舞著斧頭、彎刀相互砍殺的事件。雖然發生爭鬥是有其原因，但後來卻演變成個人變成暴徒，進行無差別殺人的局面。那麼，殺人兇手若要被追究責任的時候，將以個人接受判決。

類似的糾紛、爭鬥當中，被判定存在「地獄性因素」的人，會前往「阿修羅地獄」、「阿修羅界」，在那裡永無止境地相互殺戮。

例如，在關原之戰中，分成東軍與西軍交戰，人們根據自己的出生地劃分所屬陣營。戰爭中當然是「勝者為王」，但直到現在，仍然有一少部分當時的人們，無法從地獄當中出來。不過，人數已經比過去少很多了。

這些人在無止盡的相互廝殺中，會逐漸意識到了自己做的事情是多麼的愚蠢，並透過覺悟到自己的惡行，進而得以升上天上界，所以人數會越來越少。因此，有時人們在地獄界中會透過觀察自己的同類來反省。

唯物論的快樂主義者終將前往「血池」、「針山」、「刀葉林」的地獄

血池地獄也是一樣。在世之時大幅偏離了身而為人的男女之道的人們，若是缺少其他間接證據，也就是缺少能夠被拯救的條件時，就會被

放逐到血池地獄。這裡也聚集著相似的人們，他們會待在那裡，直到意識到「過去以為能為自己帶來喜悅、美麗、快樂的東西，其實是痛苦」為止。

「血池」是一種象徵，許多的男男女女在血池的水中痛苦地上下浮沉，並且是全身赤裸地浮沉著。看著那些快要淹死在血池裡的人們，是不會產生出世間的性欲的。因為每個人都像怪物一樣，都是一副妖魔鬼怪的模樣，令人感到厭惡。

光是這樣還不夠，血池之外的地獄也是實際存在的。現在是二〇二〇年代，那些地獄依然存在，佛教所講的地獄依然原封不動地存在於現實當中。

「血池」、「針山」被稱為傳統的地獄。要是作惡之人被獄吏、獄卒或是鬼們驅趕到那些地面上插滿劍的地方，他們的身體就會被切割、渾身是血，被迫受盡極端苦痛。

佛教中還有著名的「刀葉林地獄」。男男女女都墮入了這般地獄，當中也有魅惑男人的女性。特別是其中很多人曾經從事過色情行業，還有很多人甚至涉及到了犯罪。

例如，樹上有個美人，下面圍著一群犯了色情的亡者。隨著一聲來自樹上的「過來這裡呀」的召喚，人們紛紛拚了命地往樹上爬，然而樹葉卻變成了一片片的像是刮鬍刀片的刀刃，刀鋒朝下，切割爬上來的人們的軀體。

等爬到樹上時，美女沒在上面，反而在樹下，並再次召喚著「下來呀，我在這裡喔」，於是想要從樹上爬下來的時候，這回刀鋒又全都朝上了。

這就是地獄之一的「刀葉林地獄」。

至於想用這種方式教導人們什麼，那就是「對於認為唯有肉體才是自己的人們、唯物論者們、唯物論的快樂主義者們，以唯物論的方式告訴他們那些不是快樂」。這些人總是不管善惡，只知道「快不快樂」。這是連昆蟲都能明白之事，所以必須要教導他們。

這些人必定會在某時意識到自己的唯物論式快樂主義是錯誤的，他們必須意識到自己有多麼愚蠢。

這跟毒品、古柯鹼一樣會令人上癮，會讓人沉溺於快樂之中變成慣犯。所以必須讓他們反覆體驗到徹底厭惡為止，藉此引導他們萌生「想重新做回正經之人」的想法。

依據此人所觸犯過的罪行，會讓此人體驗各種地獄。地獄不是只有一種，相對應此人主要犯下之惡的地獄屬於「必修課程」，此人必定會前往那般地方。按照現代人的情況，有很多人墮入了色情地獄。

5 關於肉體上的快樂與在靈界付出的代價

區分出動物與人類的「自制心」

重要的其實是讓他們認識到人類與動物的區別。在理解了「作為人類，在認同對方的尊嚴之上，於靈魂上相愛，並共同提昇」的基礎上，作為人類，在允許範圍之內，伴隨著肉體上的快樂有時也屬於世間幸福的一種，是被允許的體驗。

然而，一旦越過了這條線，做出「只有動物才做得出」的行為，例如把公狗放到有母狗在的地方，恐怕牠會一次又一次的衝上去，要是到了如此地步就有問題了。

在日本經常會出現狐靈，有些女性會散發「惡魔性」或「魔性」來魅惑男人，使其墮落、淪為罪人、誤入歧途。有些人認為，博取異性青睞是女性的工作，這些沉迷於隱含魔性的性魅力的女性們，已經瀕臨畜生道了。所以，血池地獄比較接近畜生道，可以「convertible」，也就是可以互換。

但是，這不代表所有動物都是非常要不得。例如，熊貓一年只「戀愛」兩、三天而已。在那兩、三天裡，動物園的飼養員會想方設法地讓牠們「結婚」，有時還會暫停觀賞不讓遊客進來，以便創造一個安靜的環境，讓牠們集中精神去「結婚」。跟一年到頭都在發情的人類相比，說不定一年僅發情兩天的熊貓更正經一點。

日本的俳句裡有個季語叫「貓之戀」，這指的是二月的月份。母貓在二月懷孕的話，出生時分會是在夏季。據說，幼貓在夏天出生更容易養育。食物比較豐富，又不會凍死，所以母貓大多會在那個時節生出幼貓。除此以外的季節，有時候就算「男貓女貓」共處，彼此也不會有什麼特別的情緒。

所以，若說「因為是動物，所以各方面都不如人類」或許是錯的，這方面要有所注意。這在某種程度上可能不屬於自制心，而是一種本能，但即使是動物，也有一部分並不是一年到頭都在發情的。

另一方面，人類可以一整年地發情，正因為如此才需要自制心，必須選擇恰當的「時間、場合、對象」，要考慮到是否在一定程度上存有正當性，從神、佛或指導靈、守護靈的角度看來是否正當。

佛教裡有「不合時宜」的說法。

例如夫妻，這般即使發生性關係也是合理的人們，在工作結束之後，在休息時間進行親密的行為本身是允許的，但如果在大白天、在工作時間裡埋頭性愛，或者在孩子們環繞身邊、還醒著的時候做那種事，就會帶來惡性影響。這種不合時宜的情況，相當於佛教的不法行為。

此外，不分場合也是一樣。刑法上有陳列猥褻物品罪、以淫穢模樣出現在公眾面前、做出種種舉動的行為都是構成了犯罪。不分場合也是不被允許的。

那麼選擇了場合，好比「在脫衣舞俱樂部裡全身赤裸，總可以了吧？」但這也要看警察等方面依何種判斷加以取締。似乎警察對於這方面沒有嚴格地取締，如果管的太嚴的話，有時反而犯罪會增多，所以有時警方會轉換執法力度，時緊時鬆。

性產業本身存在很多地獄性的成分，但若是變成徹底的「滅菌狀態」的話，又有可能造成女性在下班回家的路上屢遭襲擊的事件增加，據說警察在取締上微妙地拿捏著分寸。

至於那是否正確，就另當別論了，但實際狀況真是如此，關於這方面實在是有窒礙難行之處。

要謹慎使用肉體，肉體是讓靈魂寄宿的「聖殿」

在此不可搞錯的是「這軀體是自己的，要怎麼使用是自己的自由，想怎麼樣就怎麼樣」之類的想法。

很多人覺得，既然長了腳，踢球、參加足球比賽有什麼不可以？既然長了手，揮動球棒擊球有什麼不可以？那不是一樣的事嗎？這些人認為「人擁有著自己身體的所有權，怎麼使用難道不是自己說了算嗎？」

對此，基本上人必須要對「身體髮膚，受之父母」抱持感謝之情。父母親給了自己肉體，生下並養育身為嬰兒的自己，付出無比的辛勞。

幾乎沒有父母是抱著「希望小孩將來當個罪犯」的想法而養育孩子的。基本上，父母都盼望自己的孩子將來能對世間有所貢獻，成為一個優秀之人。他們一邊做著繁重的工作，還要料理一日三餐，孩子哭了夜裡則不成眠，父母就在這樣的狀態下養育自己長大。

小孩長大成人以後，多半會認為自己已經十八歲、二十歲了，可以隨心所欲了，但是，在「如何使用父母所賜予的肉體」的問題上，必須考慮到要如何回饋社會、如何承擔未來的責任。

若在成年之後過著荒唐的生活，甚至在各種情況中有了孩子，這就有可能讓不幸波及到孩子們身上，必須自覺到這方面責任。

此外，各位雖然直接從父母那裡獲得了肉體，但必須要明白，在那之前的階段，「存在著神佛以及稱為靈界的地方，在這般輪迴轉生的構造之下，自己是獲得了許可才轉生到世間的」。

因此，實存主義式的想法幾乎都是錯誤的。或許有些人有被害妄想症，認為「自己是偶然被扔到這世上，連父母也沒得選，就出生在這種地方」。但事實上人是在事前知曉出生地的情況下誕生的，如果選擇誕生在艱困的地方，說明著自己是帶有著某種修行課題，對此希望各位能夠明白。

希望各位能夠了解到「自己的肉體其實是一座『聖殿』，是宿有著靈魂的『聖殿』」，進而謹慎使用自己的肉體。肉體本身既非善亦非惡，即使是菜刀、小刀，妥善加以利用，就能用來烹飪料理，也可以削水果皮。但一旦想用它殺人，就會變成了兇器。

就像這樣，肉體也會因為使用者的心境，變成善或變成惡。

世間當中有著人權，但地獄界沒有人權

現今，LGBTQ已經漸漸擴散到全世界，特別是在西方民主主義國家等地尤其盛行，他們將其稱之為「人權」。LGBTQ的人群當

中，死後回到靈界的人在某種程度上也開始多了起來，在我試著檢視之後，必須說儘管世間主張著人權，但遺憾的是，在靈界的地獄界當中「不存在著人權」。那裡是沒有人權的狀態。

先前提到了「刀葉林」，適用活在那裡的人，會被趕到那般長滿刀劍的地方遭受刑罰。不過現在出現了更現代化的地獄，在那裡外科手術很普遍，會出現很多醫生進行手術時的工具。

在那些地方進行著「用電鋸把身體鋸開」、「被送上手術臺，被手術刀切開」等各種行為，那屬於醫院型的地獄。

只要這種地獄還存在，不管是醫生還是護士，就說明著這些人當中存在著「忘記自身本分的作惡之人」。醫院經營者當中也有德行敗壞的醫生，不能說所有人都是天使。那些人到了地獄，就會面臨那樣的情形。

因此，我多少感受到了時代的變化。

過去曾經出現過「黑繩地獄」，黑繩就是指墨繩。

木匠在鋸木頭製作樑柱的時候，會把浸過墨汁的繩子從柱子的一頭拉到另一頭，輕輕一彈，一條筆直的線就會出現在柱子上。沿著這條線鋸木頭，就能鋸的很規整。

這就是「墨繩」。我的祖父是宮廷木匠，聽說在這方面很擅長。他被稱為「源左衛門」，我聽過別人稱讚他「源先生能用墨繩畫出一條完整的線，中間一點歪隙都沒有」。

用墨繩切割人體的地獄就是黑繩地獄，用浸了墨汁的線，一塊又一塊地切割。如此場景曾在殭屍或者東洋型喪屍復活的「殭屍故事」裡出現過，黑繩地獄當中真的會用墨繩拉線切割身體。

以前曾經有那樣的地獄，現在更多的則是與醫院相關的地獄。現在人們會在深夜去那些廢棄的醫院、已經停業的醫院等地方，體驗靈異現象，但這類場所也會出現在地獄當中，變成了執行那些刑罰的地方。

所以，我想說的是，雖然在世間可以主張人權，但如果到了靈界，人權就會徹底消失的話，在世之時最好不要過度地主張人權。

自由很重要，非常重要。但是，自由也伴隨著責任，人們必須認真檢討「假如每個人濫用自由的話，世界會變成什麼樣子」。

若是每個人都濫用自由，而導致社會崩壞、秩序混亂的話，就說明那樣做並不合宜。

這很像哲學家康德的論點，「如果周遭的人都來模仿自己所做之事，而世間因此變好了，就說明可以這麼做；如果讓別人去做『只可以由自己做，不能讓別人也來模仿』的事，則屬於犯罪，是不可以推廣之事」。

他指的是，要去做人人都可模仿的事情。有個詞叫做「行為準則」，不希望被模仿的事情最好不要做。

注射毒品、興奮劑在日本等國家仍屬於犯罪，會遭到嚴厲的取締。不過在海外，不少國家管制的沒那麼嚴格，有些國家或犯罪組織藉此做為收入來源。

然而，如同先前所述，或許有人認為「身體是自己的，不管染上毒品、興奮劑又如何？反正是自己說了算。長命也好，早死也罷，難道不是自己的自由嗎？」但由於那樣的東西肯定會蔓延開來，那就必須思考，其他人也都是這樣的話，這個社會將會變成什麼樣？下一代會成怎麼樣？下一代的下一代會變成怎麼樣？如此一來，不該碰的東西，最好還是不要碰。

我認為如此想法應為正當。

6 死後，「信仰」、「想法」、「行為」一定會受到裁罰

講述關於地獄的所有內容會有些困難，不過除了與犯罪有關的事情，在地獄會進行審判之外，即使逃脫了世間法網，沒被判有罪或者在民事上沒被判為加害者之人，到了地獄也還是會受到裁罰。

所以，重要的是「信仰」，以及「思考了什麼、想了什麼」。這些可以透過「貪、瞋、癡、慢、疑、惡見」的「六大煩惱」為中心來思考。

此外還有「行為」。這指的是在行為上，對他人的神性或佛性，屢

次造成傷害之人很難獲得饒恕。但如果在世之時，願意洗心革面的話，那就去做相反之事，努力讓自己變成不一樣的人。

雖然我講述的內容無法面面俱到，但以上就是地獄的實態。儘管類似閻羅王的審判，會依國家的不同而有不同的形式，但絕對有那般審判。

當然，有的地方由法官模樣的人出場進行審判，也有的地方是由高級官員模樣的人出場進行審判，審判的形式會依國家而不同，但必定會進行。

此外，即便是孩子，也不會有某宗教（「生長之家」）所聲稱的「在七歲之前死亡之人全都是高級靈」一事，根本沒有那回事。

在身為人的意識尚未完全形成之前，便死去之人，通常會陷入迷惘當中，不知該如何是好，那是因為此人沒有學過該怎麼做。

因此，佛教自古就有「在冥河河灘堆石頭」的說法，有的地獄就聚集著一群因為早逝而陷入迷網的孩子。有時候會有天使前去指引，但由於語言不通，很難引導他們，的確有那樣的情形。

現在有很多父母選擇墮胎，有時候孩子生下來之後，地獄領域會變得更廣大，所以有時他們也是不得已而為之。但是，考慮到「原則上孩子也是宿有著靈魂」，若是因為墮胎而致死的情形，我想還是要確實地理解佛法真理，抱持要加以供養的心境。

有些律師團體把對於供養嬰靈，說成是為了消災解厄的商品推銷，但假如那真的是被當成一種賺錢手段的話，或許可以說「那種說法是正確的」。但是做為實際問題，因為那是孩子，死後不知道該何去何從，只能依賴父母。在這種情況下，就必須妥善地加以弔念。

若是明明自己不相信，卻打著「供養」的名義賺錢，這應該等同於詐欺罪。因此，基於妥善理解那般靈性知識的基礎上，進而加以指引是很重要的。

此外，將過世之人妥善地安葬於墳墓等處，好好地加以祭祀，基本上我認為這是「身為人之德」。

有些人因為經濟不寬裕，進而一切從簡，擅自地進行自然葬或樹葬等等。那些做法我不一一贅述，但是如果想要那麼做的原因，是出自於唯物論的想法，就必須要及時止步。人之所以要舉行葬禮、興建墳墓，終究是希望藉此將「有靈界的存在」之文化持續傳承下去，所以希望各位對此能加以重視。
以上即是本章的內容。

第3章

詛咒與憑依

——為了不墮入地獄的「己心的控制」

1 通向地獄的「詛咒」與「憑依」

「前往天國還是地獄」的判定始於此人的在世期間

由於本書論述著關係地獄的話題，本章的內容將聚焦於「詛咒與憑依」，這是稍微特殊的話題，但此為與地獄以及宗教的各個方面有所關聯的內容。

大部分的人都覺得「地獄什麼的，死了之後再慢慢考慮就好」、「等去到了地獄再想辦法也不遲」。但其實並非如此，在人還活於世間之時，前往天國還是地獄的判定就已經開始了。

因此，不是死了以後才開始判定此人是前往天國還是地獄，透過觀察此人在世期間的生活，特別是此人抱持著何種想法，度過了何種包含靈性生活、精神層面的世間人生，就可以預想此人幾年後、幾十年後的未來。

宗教當中經常使用「憑依」一詞，宗教人士對此幾乎人人皆知。但是在與宗教無關的外部人士，或許有人聽都沒聽說過。又或許電視臺的主播、主持人那樣的人士，也會問一句「什麼是憑依」？

雖然有點偏離主題，日語漢字中的「憑依」，對日本人來說是很困難的字。光是寫出來就不容易了，大概日語的常用漢字中也沒有這些字。

我在大學一年級學習「政治過程論」的時候，一位名叫京極純一的老師在寫課堂板書時，寫下了漢字「憑依」（編輯注：羅馬拼音的讀音是「hyoui」），但平假名標註為「hyoue」。

整整一年，他都念「hyoue、hyoue」，我心裡猶豫「該不該說出來呢」，最後我沒有提醒他，既然讀錯了幾十年，就讓他自己去承擔責任吧。要是換成國高中時代的我，可能就會說出來了。

大學講堂當中聽課的學生多達數百人，但大家幾乎沒什麼反應，可能都不知道這個詞吧。在他們看來，可能還覺得老師是在教他們生詞呢。

一聽到他把憑依讀成「hyoue」，我便覺得他應該沒怎麼學過宗教，所以才會讀成那樣。單從漢字的讀音來讀，或許的確可以讀成

「hyoue」，因為「依」這個字也可以讀「E」。但是，正確讀音是「hyoui」，意思是「附身」。在超自然電影、電視劇之類的作品裡，可以看到那種附身的橋段。

依附在對方身上的「curse」和企圖將人推入地獄的「spell」

本章出現了「詛咒」和「憑依」兩個用語。說到這兩者之間有何關聯，其實人活在世間的時候，會經常遭到很多人的詛咒。

在英語當中，可將詛咒叫做「curse」，有時也叫做「spell」，我不是很清楚兩者在語感上有何具體差異，不過我認為「curse」，作為

「浮上心頭的場景」，讓人感覺即使是小事也可能發生。

好比在過去，小時候去蔬果店裡買西瓜時，若是問：「叔叔，這個西瓜熟了嗎？」對方回答：「誰知道啊！要是能知道就不用辛苦了。」如果是被這樣回答，肯定感受會變得不好。如此程度的回話，應該算是「curse」吧。

不過，要是變成詛咒就不一樣了。過去我們製作的電影《夢境診斷與恐怖體驗》（企劃・大川隆法，二〇二一年上映）裡，出現了一幕全身素白的黑長髮女性，把五寸釘釘在樹上的場景。到了這種程度，我感覺就是「spell」了。在我的印象裡，「spell」應該是更具體、更系統化地，想把對方推入地獄的感覺。

不知道我的理解是否正確，但就算是英語學者，對於這方面可能沒什麼興趣，所以或許也會不太清楚。在我看來，終究還是在於宗教人士如何運用。

因此，日常生活中發生爭吵，朝著對方「呸」一聲的時候，就算是「詛咒」，比起「spell」，應該更接近「curse」。

年輕的時候，我在寫下關於海爾梅斯的故事（《愛宛如風》〔共四卷〕）之前，曾去過希臘，當時我才三十幾歲。

那時，我住在杉並區的西荻窪，從希臘回來後，想吃點東西，就去了西荻窪的一家壽司店。坐在店裡正吃著壽司的時候，壽司師傅問我：「客人，您好像被曬傷了呢，是去了哪裡嗎？」我說：「去希臘旅行了。」

結果對方竟然回我說：「什麼？還這麼年輕就去希臘旅行？照這樣

下去，你的晚年堪慮喔！」他的意思是，要是從現在開始就去希臘之類的國家旅行，等待自己的可能就是淒涼的晚景。

記得壽司師傅就是那麼說的。我覺得那種話不應該對客人說，會讓人有些掃興。

這已經是三十多年前的事情了，大概是三十二、三年以前吧。年紀輕輕的就去希臘旅行，若說不知天高地厚倒也沒錯。當時的那位壽司師傅肯定比我年長，在他心裡，大概是在想「就算我想去希臘旅行也沒辦法去啊」。

因為在工作上正書寫著關於海爾梅斯的連載小說，所以有必要去一趟希臘，我才親自到當地看看，獲得一些寫作的靈感，不過也因此被壽司師傅說了一頓。

花了錢吃壽司卻被說教「小心晚景堪慮喔」，有種被詛咒的感覺。既然我現在還在說這件事，可能真的哪個地方被「附身」了也說不定呢。

或許，那些話語當中也摻雜著嫉妒的成分。嫉妒、羨慕等情緒，或許不是那麼強烈，但是那是一種對於對方的負面情感。

有些話實在想說，但一說出來，就像捕蟲膠一樣黏糊糊地附著到對方身上，這種感覺就叫「curse」。

講演會之前遭到其他教團的「詛咒（spell）」

到了「spell」的程度，就徹底變成了「絕對不能放過那個傢伙，大家一起咒殺他」的感覺。這樣一來，就成了「spell」。

剛才提到的「curse」，是因為去希臘旅行一趟而被說「小心晚景堪慮」。至於「spell」，也不是沒有經驗過。

・立川某教團企圖咒殺我的事件

這是發生我在橫濱體育館，舉行一萬人規模的講演會的期間，年代跟剛才提到的壽司店的事差不多，大約在一九九〇年前後。講演會的前一天，必須在可容納一萬人的體育館佈置會場，設置講演台、通道、休息室等等，因此我們委託了經常在橫濱體育館施作木工工程的業者來完成。

以下內容是當時的木工業者告訴我的祕書的，那時候的祕書口風也不緊，沒有意識到「這種事情不能在講演會前讓總裁先生知道」，根本沒想太多，聽到什麼就直接跟我說了。

聽業者說，之前他們承接了一個位於立川的某教團的工作。那裡的人一聽說「大川隆法近期似乎要舉辦講演會」，就揚言道：「太不像話了！大家一起咒殺他」，好像還在道場舉行咒殺祈願。

我聽到了這個傳言，心情當然不會太好，便跟祕書說：「別在講演前跟我說這種事啊。」當時的祕書應該是覺得「不能讓總裁先生猝死在講壇上，必須提前說一聲，做好防備才行」。

不過既然祕書盡責地提前告訴我，我也姑且回了一句：「什麼？想咒殺我？如果能做到的話就儘管試試看吧。」被盯上了就必須出手反擊，所以我心想「放馬過來吧」。

既然對方特地舉行祈願，處心積慮地想要搞垮講演會，想要搞垮我，那麼我也必定反擊。

記不清他們針對的是哪場講演會了，可能是「愛，無限」吧，又或者是其他在同一時期舉行過的講演會。

後來又聽到了事件的後續，大致是說對方很費解：「詛咒到那種程度一般都會死，為什麼偏偏他沒死？」這些話是在活動順利結束之後傳進我耳裡的，大概同一時間有一、二十個人詛咒，「一般被那麼多人

『spell』到那種程度，基本上不是猝死，就是倒在地上被緊急送醫，但為什麼偏偏他沒事」。

這徹底屬於「spell」。在詛咒裡面也屬於特別惡劣、惡質的東西，可以明確感受到有惡魔參與其中。

・被京都的即身成佛派的密宗「詛咒」的事件

還有一次遭遇發生在京都。京都有家電視臺叫「京都放送」（KBS），裡面有個類似講堂的地方，我們曾經在那裡舉行過數百人規模的研習會。

當時我正好留宿在京都，結果又被詛咒了。剛才提到的立川某教團屬於密宗（「真如苑」），京都也有一個密宗教團，教祖現在已經離世了，不過那個教團在本會開始活動的十年前，一九七〇年代頗為知名。教祖是個年紀略長之人，推展活動的時間雖長卻完全寂寂無名，教團的規模也小。他的太太好像是個女牙醫，他在經濟上依賴妻子，像吃軟飯般持續活動了幾十年。

然而，這個完全沒有發展起來的教團出版了一本《密宗占星術》，突然成了暢銷書，宣揚「用密宗改變運勢」、遇上壞父母就「斷絕親子因緣」，並聲稱除了「千日回峰」之外還有「千座行」，宣稱「只要參加為期一千天的斷絕親子因緣的座法，就可以斬斷親子因緣，改善運勢」。

我記得他還說過一句後來成為了流行的話，叫做「轉換頻道」。

「只要轉換頻道，就能連接上不同地方的波長來改變人生」，教導這種簡單的作法，應該算是即身成佛派了吧。他們作為即身成佛派的宗教流行了起來，以「只要轉換心靈頻道就能立刻變超人」作為教義，在當時掀起了一股風潮。

有些廣告商的人加入了這個宗教成為了信徒，他們在廣告推廣上做得很好，但我似乎招來了他們的怨恨，進而遭到了詛咒。他們一聽說我要來京都，便開始詛咒我，不過到最後什麼都沒發生。不可思議的是，不知為何，後續的事也都傳到我耳裡。他們說：「他為什麼沒死！被我詛咒的人應該都會死！」（「桐山密宗」或「阿含宗」）

密宗當中惡劣的派別，大多都是這樣的。他們跟巫毒教有些相似，據說有「咒殺對方」的能力。假如深信對方是「惡魔」的話，或許真的可以做得到。

我還聽說他們在詛咒對方的時候，曾經遭到「反彈」或者是說「反噬」。

持續出現的「負面的心靈波動」，將與地獄界相通

就像這樣，施以詛咒的時候，如果受到詛咒的一方真的是個惡劣、企圖禍亂世間之人，通常詛咒就不會被反彈，被詛咒的人會因為詛咒生效而倒下。但如果被詛咒的是個刻苦努力、累積修行之人，情況則會相反，詛咒會反彈到施以詛咒的一方身上。這被稱為「鏡子之法」，歸根究柢就是如此。

在世間活得久了，就會被各種各樣的人怨恨、嫉妒，時常發生明明不是本意，卻因為無意中的一句話傷害到對方的情況。這時不要徹底落入陷阱裡，在保護自己的意義上，必須要時刻維持能讓詛咒反彈回去的狀態。

用憤怒對抗憤怒，雙方互相地攻擊，情況就會越來越惡化。

家庭暴力或爭吵是常有的事，怒罵對方，對方也會再罵回來，於是事態一步步升級，結果就動手了。開始拳腳並用的又打又踢，之後就會拿起菜刀指著對方，接著連鍋子、平底鍋都飛了出去。這是我親耳聽過的真實事件，事態一步一步的升級。

終究必須要留意，不要讓「毒」侵害了自己。

同樣身為世間之人，有時會怨恨對方、詛咒對方，還會產生暴怒的情緒，這既會讓自己的心境不和諧，對方也會陷入不和諧的狀態。

一旦怨恨、詛咒、憤怒成為一個開端，從此就會經常出現類似的狀態。簡單來說，就是當負面心靈波動持續出現的時候，就會開始和有著相似心境之人所聚集的地獄界相通。

又或者，與其說與地獄界相通，倒不如說是連地獄都還沒去，徘徊在世間尋找著是否有相似之人的惡靈相通。

根據波長同通的法則，當世間之人的內心產生與地獄界或在世間徘徊的那些惡靈的想法相同時，就會像是被磁鐵吸住一樣，頃刻間被吸了過去。

假如只是一時的情緒，只要平復下來，漸漸地惡靈就無法再附身下去。就像把石頭丟到湖裡，雖然起初湖面會盪起波紋，過一會兒湖面變得平穩之後，就可以把負面想法反彈回去。然而，若是不停地往湖裡扔石頭，沒完沒了地「撲通、撲通」，心境就會變成那般波瀾的狀態。

這種「惡性波動」，或者說「興起波浪的波動」一直持續下去的話，哪怕自己不清楚在宗教上屬於哪種波動，也會逐漸與「同類」相通起來。雖然不是剛才提到的「轉換頻道」，但若是因為頻道相同，的確會引來「同類」。

2 與地獄界相通的具有代表性的「心之三毒」——貪、瞋、癡

「貪」——日本民間故事裡「貪得無厭的老爺爺、老奶奶」的結局教導人們有關欲望的自戒

前面說到了負面心境，正如教義裡經常提及的，最具代表性的負面心境是「心之三毒」，也就是「貪、瞋、癡」這三個心靈之毒。

「貪」，指的是欲望強烈，或者說欲望深重。就像日本民間故事裡說的「貪得無厭的老爺爺、老奶奶」那樣的人。欲望深重，就會遭到報

應。

有一則「開花爺爺」的故事，內容是家裡養的狗在院子裡汪汪叫，當往狗叫的地方一挖，竟然挖出了金銀財寶。

於是，住在隔壁貪得無厭的老爺爺、老奶奶強行借走了狗，命令牠：「喂！快叫！」狗被吵得受不了，終於汪汪地叫了起來。

可是，他們在狗叫的地方挖啊挖，非但沒挖到金銀財寶，反而飛出來一大堆垃圾、妖怪。貪得無厭的老爺爺氣得不得了，就把借來的狗殺了。

就這樣，原本的狗主人把心愛的狗埋進了墳墓裡。後來，那裡長出了一棵大樹。

狗主人把樹砍下來燒成了灰，並撒在地上。神奇的是，灰撒到的地方竟然接連盛開出櫻花。

剛好路過此地的貴族大人一行聽說了這件事，決定褒獎開花爺爺。隔壁貪得無厭的老爺爺聞言後也有樣學樣，說：「不就是讓花盛開嗎？我也行。」但櫻花並沒有盛開，他自己也受到了懲罰。這就是「開花爺爺」的故事。

就像故事當中的形容，關於「深重的欲望」，即使是古人也認為「若是欲望深重，在世間會遭到懲罰」、「因果報應，沒道理不遭天懲」。

「欲望深重」就是德行敗壞，被視為萬惡之源。

基本上就是這樣，人類若盡本分地活著，那就沒什麼好說，但是人就是會超出本分。

前文提及看到了鄰家發生了奇蹟的老爺爺、老奶奶的故事，中彩券也是相同的道理。光是聽到「鄰居中了彩券頭獎」，就足以讓己心紊亂。有人就會心想：「怎麼自己就中不了呢」，進而到處遷怒發洩。

這種「貪」，會變換成各種形式表現出來。

從名校畢業生和以考入名校為志願的人身上看到的「欲」與「惡」的衝動

有時候，就連「他人刻苦學習，取得了優秀成績」，也可能會點燃火氣。

例如，像東京的開成高中那樣的名校，其消息以前偶爾會被刊登在報紙上。聽說過去每當舉行運動會的時候，作為擺放各種器材的體操小屋，常常會冒煙起火，經常發生消防車必須緊急趕去滅火的事件。

我曾經看到報導，經過調查，縱火的大概都是該校的畢業生。據說那些人都是因為聽說「進了開成之後，未來前途大好」才考進來的，結果畢業之後不如預期，進而心生不滿，看著大家高興地舉行運動會，心想「放火之後，看看你們會如何慌亂」。

我還聽說過這樣一件事。

現今，由於孩子人數持續減少，或許補教業也發生了相當大的變化。雖不知每所學校是否都是一樣，在過去就算是新開辦的學校，報考人數也遠遠超過了錄取名額，有一半的人都必須得當重考生。那個時候，重考班相當盛行。

在日本的重考班當中，有一間上榜率很高，名叫駿台的補習班。其中優秀的學生會到「上午班」學習。上午班有文科和理科，在那裡上課的學生，大約半數都會考上東大。

於是，聽說有人出於「要是誰往駿台的上午班扔一顆炸彈，就會有兩、三百個未來的東大生死掉。這樣一來，那些人佔用的名額就空出來了，入學機率就會變高了」的心理，而出現了「想往裡頭扔炸彈的衝動」。我想這也屬於欲的問題。

不僅是「欲」，或許其中還夾雜了接下來要講述的「憤怒」和「愚癡」。

「瞋」——競爭中敗北，火氣湧現時該怎麼做？

接下來是「瞋」，也就是「憤怒」，一般人會出現如此情緒，動物也會有。動物在自己被盯上、被襲擊的時候，也會奮起反抗。

貓狗打架的場面，可是非常了得。狗一吠叫，貓就拱起身體、豎起後背、毛炸起來、尾巴立起來，擺出架勢。因為貓的體型怎麼也比不上狗，所以牠那麼做是想使出「必殺的一擊」。貓繃緊神經，準備在狗撲過來的時候使出必殺技，去抓狗的鼻子。對此狗也很明白，在抓住對方的破綻之前，不會輕易出擊，很像劍道比賽一般的緊張感。當察覺到沒有勝算的時候，貓狗的某一方也有可能會突然逃走。

這樣的事情也會發生在人身上。有競爭的地方就會分出優劣，也會產生「想毀了他」、「想獨佔鰲頭」、「想把他踹下去」的情緒。若是不知宗教的真理，就很難抑制這種「瞋心」，一不小心就會浮現心頭。

例如，女演員的試鏡活動會吸引來很多漂亮的女性，看到這麼多漂亮的人都來參加，就很容易會惱火於「來了這麼多人，這下自己很難被選上吧」。

即便是曾經拿過金像獎的著名女演員，過去也曾因為發現現場跟自己一樣可愛的人起碼有上百個，從而感覺「在這種情況下自己哪怕參賽一百次，一百次都得落選」。

在電影《蜘蛛人：驚奇再起》中，跟蜘蛛人演對手戲的、飾演關的女演員就是如此（艾瑪．史東）。即使像她那樣拿過金像獎的演員，當初也曾參加過上百次試鏡，每次都落選了。據說，「同樣可愛、漂亮的人一下子就能聚齊上百個」，可想而知難度有多高。

在這種情況下，不要一味地嫉妒、怨恨、發怒，重要的是要保持己心的平靜，並且磨練、鍛鍊自己。不過，有時這也不是一件容易的事。

世間不會一切以你自己為中心，也不會完全圍繞著你自己一個人轉。每個人都有各自想要實現的目標，想要獲取成功、想要獲得幸福。去寺廟求籤時，人們很難知道求到何等籤是最適合自己，因為不去經歷人生，就不知道「適合的範圍」在哪裡。

有時候，努力不一定有回報，要把沒有回報的日子，當作是對自己的考驗。在那種努力之後但卻沒有獲得回報的情況之下，自己是否會因此而放棄。

在競爭中，有時競爭率會達數十倍、上百倍甚至幾千倍。如果對手放棄了，競爭對手就少一個，就可以兵不血刃的結束競爭，那是一件值得慶幸之事。

所以，在那段試煉的時期，放棄的人自會放棄，有人就會等待人數自動減少，也有些人會持續挑戰，在某個時刻迎來足以獲得結果的機會。屆時，就要看此人能否牢牢地掌握住那機會了。

人生雖然艱難，但即使對他人怨恨，也無法讓人生變好，所以還是要腳踏實地淡泊地做自己能做的努力，靜待機會降臨。

機會沒有來臨的時候，「另一條道路」的開啟也是天意

不過，有時也會有遲遲等不到機會來臨的時候。此時這也是天意，

是沒有辦法的事情。或許這意味著要你「另尋職業」。也許天意是在告訴你「還有其他的道路」。

有些人湊巧通過試鏡當上了女演員，卻由於評價不高，只演出了一部作品就從演藝圈消失了，這實在是難以預料之事。

此外，我常去光顧的鐘錶行老闆是早稻田法學系畢業的，他在畢業之後好幾年持續參加司法考試的期間，在百貨公司打工，從事類似鐘錶行商買賣的工作。跟其他打工的普通學生相比，他作為司法考試的重考生，多少算是「上了年紀」的人，這反倒讓人感覺更有信用，而且他的銷售業績也比其他學生好。因為業績很好，漸漸地打工變成了正職工作，自己開起了鐘錶行。從開店至今，他已經做了幾十年的鐘錶生意了。

原本堅持參加司法考試的人，卻不知不覺開起了鐘錶行，真是完全出乎意料的人生。在百貨公司打工的時候，大概連他本人也沒想到，同樣是賣鐘錶，自己能比別人賣得好。

原本他為了通過司法考試，背誦判例和法律條文，埋頭書海，每一年都持續參加考試。在他打工期間行商鐘錶的時候，曾經一直行商到德島，把鐘錶批發給了德島的丸新百貨公司。在年復一年之下，他比別人年長了多少，就多了多少人生閱歷或者說信用，令對方感覺他不像個打工的，倒像是一個可靠的鐘錶行主任之類的人士。

就這樣，他的才能從意外之處顯現出來，也在意外的地方積累了業務知識。在讀過各種品牌的鐘錶說明書並前往銷售的過程中，那些知識漸漸印在了腦海裡，逐步開始自己銷售鐘錶，然後開始進口、販賣，從而開起了自己的店鋪。

這樣的例子是存在的，所以最好不要太鑽人生的牛角尖，不要以為只有一個選項。

透過開鐘錶店而獲得成功之人，大概不適合當法官、檢察官之類的吧。

在律師當中，一部分口才了得的人或許順利從商，但律師不是業務員。若是以做生意的目的而成為律師，明治時代起就有「三百代言」的說法，有些人不惜謊話連篇也要力求勝訴。儘管也有像電視劇《王牌大律師》裡，百戰百勝的古美門律師那樣的人，但滿腦子生意的律師在信用上就會打折扣，因此必須儘量保持冷靜才行。

因此，自己雖然不知道對某種工作有多少適性，但是，只要認真的面對人生，道路一定會在某處展開。

年輕時我讀過一句話：「人生關上了一扇門，必有別的門敞開。」我真的是感到這句話實在說的沒錯。

現在回首過往，自己學了很多東西，也做了各種各樣的工作。但現今從整體上看，雖然「宗教家」是我工作的中心，但是至今「知道世間有各種類型的人」、「見過很多人」、「跟很多人交談過」、「去過很多地方」、「還認識外國人」，學習上也「學過很多東西」等等，這些都成為了我的背景支柱。

作為主要工作，若是在一般的講演會上講述「詛咒與憑依」的話題，普通人是不會來聽的。喜歡宗教的人會來，但普通人應該不會想聽這種內容。就算在大學當中講演這類主題，大概也只有宗教學系的學生會來聽講，這是一個大學課堂上可能只有數個學生會來聽課的主題。情況就是如此。

「癡」——「不知佛法真理」進而變得愚癡

「貪」是貪欲，「瞋」是憤怒之心。而「癡」則是愚癡，這原本指的是「不知佛法真理」。

世間不知佛法真理之人非常地多，他們當中有些人擁有世間的社會地位、社會信用，也有人是高學歷、知識淵博，但他們唯獨對於宗教真理一竅不通，實在是很遺憾。

例如，一般都說醫生是做著拯救他人的菩薩行，護士則是「白衣天使」，只要他們秉持良心做事，應該有希望回到與他們相稱的地方。可是，世間有各種各樣的醫生和護士，其中有一些用著不適切的方法治療、看護病患，還有的人屢次釀成醫療事故。

因此，這些行為有時會遭到良心的譴責，更甚者，或許還會在違法的邊緣。

所以，死後會回到哪樣的世界，並非僅是看此人在世間從事了何種職業，重要的是從事該職業時，是帶著何種心境，並且又留下了何種貢獻。

醫學上也存在「不知宗教真理」的問題，那已經涉及到了宗教學或佛教學。還有一些人一邊講著佛陀的教義，一邊卻想著「沒有靈魂」、「不存在什麼神佛」。

這些人認為，「說到佛，或許以前存在過，但現在不就是區區一尊木頭雕出來的佛像嗎」、「坐在那裡的不過就是一尊青銅鑄造的空心佛像罷了，鎌倉和奈良都有，裡頭是空心的，觀光的時候能進到佛像裡參觀。既然裡面是空蕩蕩的，也不會有靈魂宿在裡面吧」、「那種擺在觀光景點裡的，不管是畢業旅行的學生還是別的什麼人，都能走進去爬上臺階看看的東西，對著它祈願是能有什麼效果」。

確實在有些人看來，那些青銅鑄造的佛像、木雕的佛像，或者採用寄木細工工藝建造的佛像，就是所謂的佛。那些人的程度，就僅是將佛視為一種文化般的存在。

還有一些研究學者認為，「佛陀是繩文時代的人，以現在看來屬於『原始人』，所以不可能講出那麼高深的教義」、「若從現代的角度加以解讀，他說的盡是一些無聊的話」。

・抹殺掉儒教教義中的高格調的「內涵」，翻譯成露骨的現代文之愚蠢

若是試著研究儒教，就會發現也發生類似的狀況。雖不知孔子是否算偉人，但是《論語》的內容，若是能高格調地翻譯，其實是可以感受到相當的內涵的。但若是翻譯成通俗直白的現代白話文，聽起來就太露骨了。

好比有一句「有朋自遠方來，不亦樂乎」，若是將其翻譯成「有個朋友從遠方來了，一起玩耍真快樂啊」，終究會令人感覺「露骨」、

「愚蠢」。但若是翻譯成「久未謀面的友人不遠千里前來相聚，實乃樂事」的話，就會感覺到「這聽起來實在美好」。

曾經有人問孔子「有沒有死後的世界」。對此，孔子回答道：「未知生，焉知死」。這句話的意思是「連活在世間的人生意義都不懂，又怎麼知道死後的事情呢」。

若是被如此高格調地講述，進而感受、想像那份神韻緲緲的意涵，的確這句話能成為某種教義。

這句話是告訴還活著的人們，「與其思考死後的事情，不如先端正眼前的人生」、「首先要改變自己的人生態度」、「做到了之後再談死後之事」。

「光想死後的事情沒用，眼前沒做好的話也是枉然。反正，死後的事情想破了頭又如何，不把眼前做好，一切都是空談」、「現在就要全力以赴，要抱持最良善的人生態度。至於死後之事，之後再考慮」，如果把那句話做如此理解，則屬於善意的理解。

・擷取佛陀一部分的教義，進行極端解釋犯下錯誤的「天台宗」與「淨土真宗」

如果有人把「至今做了很多的壞事，自己死了之後，能不能幫我做些什麼法，讓我能夠回到天國」之類的問題，去請教密宗系統的宗教，這些人大概都是期待「自己能夠像是在三分鐘之間做出一碗拉麵一樣，一下子就能得救」。

過去我其實不是想要批判，才說出那些話語的，但比叡山的天台宗一派似乎對我頗有怨恨。

天台宗的教義中，簡單擷取了佛陀一部分的教義，好比「人人皆有佛性」、「眾生皆為佛子」等部分，提倡著「所以，大家都是佛」的教義。

但如此一來，那些登上比叡山修行的各宗派人士就會想：「既然原本就覺悟了，本來就是佛子，原本就具備著佛的性質，那為什麼還要修行呢？」對此，天台宗實在無法回答。以至於有非常多的人，在比叡山上修行數年，甚至十年、二十年，依然是在搞不清楚的狀態下便下山了。

這個在現代也是一樣。自從幸福科學展開活動以來，有些人在讀了本會的書籍之後，才恍然大悟：「總算明白了！」大概在一九九〇年代左右，比叡山天台宗的兩位「大僧正」，同時成為了我們的「正會員」，也就是現今所稱的「三皈依信徒」。

其中一人，是已經完成了「千日回峰行」的人士。那是一個每天須行走幾十公里，並且持續一千天的修行。完成那個修行的，戰後僅有三個人。

那位人士說：「哎呀，連我自己也搞不清楚，完成了回峰行到底能否成佛。讀了幸福科學的書之後，才終於明白『啊，原來這才叫覺悟啊』。」於是便加入了本會。

站在歸屬於其他宗派之人的立場來聽我所說的話語，或許聽起來會有些敵對的意味，但若是一個純粹追求信仰的人來看，會明白「原來如此，原來是這樣」，是可以理解我的意思的。

此外，淨土真宗的「無論是何種惡人，阿彌陀佛就會加以拯救」的主張，根據使用方法的不同，既可往善處發揮，亦又可能會被惡用。

若是往善處發揮，對於那些認為「自己罪孽深重，大概已經無藥可救」的人，可以勸導此人「不是的，即便是度過了那樣的人生，只要還活著就有機會。只要今後改過自新，勤勉修行，為了世人竭盡全力，那麼即使是這樣的人，也尚有覺悟之路」。

但如果是惡用了那個教義，就會出現「反正經文上寫著會拯救所有惡人」、「唱誦十遍『南無阿彌陀佛』就能獲救」的說法，或者是出現「只需要唱誦一遍，阿彌陀佛就會前來拯救」、「在萌生想要唱誦阿彌陀佛名號的階段，就已經獲得拯救了」的教義，這實在是比煮「超級快速泡麵」還「快速」。

煮泡麵還要倒熱水、蓋上蓋子等三分鐘，有人卻說：「不，根本不用等三分鐘那麼久，只要一分鐘就夠了。不，把熱水倒進去的想法冒出來的瞬間，其實從結果來看，泡麵就已經做好了。或者說把水裝進水壺，放到爐子上點火的階段，泡麵就已經做好了。」越說就越把事情往簡單的方向解釋。

照那麼說，流程也許沒錯，但終究某些地方還是有點離譜了。

就好比某一個人拿菜刀殺了人，被判處有期徒刑十年。那樣子的教義，就相當於在此人要去監獄贖罪的時候告訴此人：「監獄的十年刑期從現在開始算，也相當於現在就結束了。既然十年後會刑滿釋放，入獄就相當於出獄。」雖然只要沒判死刑，遲早要刑滿釋放，但那也沒有

「入獄就相當於出獄」的道理吧。

實際上，的確有很多被判十年刑期的人，沒坐滿十年牢就被釋放了。大多是根據他們的反省態度、勞動態度、人格的變化、讀書知禮等方面評估後，才縮短刑期的。

縮短刑期是綜合了上述而做出的判斷。畢竟，「原因」和「結果」之間，還存在「過程」。原因與結果之間，是要加上「條件」的。

儘管被判了十年徒刑，但在刑期內改過自新，閱讀了諸如親鸞的聖賢書，「和顏善語」地與他人接觸，因而刑期被縮短了兩年，八年後出獄之後，如果此時此人感覺到：「啊，這真是託了阿彌陀佛之福，衷心感謝！」的話，就可以說此人已經洗心革面了。

然而，倘若被判了十年徒刑，惱羞成怒地說道：「哼，我殺他是因為他是個惡棍，是理所當然的事。我只不過是替天行道罷了，都怪警察做事拖拖拉拉，才讓那樣的惡棍到處作亂！反正那個傢伙以後還會作惡犯罪，我殺了他不就永絕後患了嗎？我是做了件好事啊！所以，那個傢伙不過是遭了天誅，或者說人誅啊！」這樣就不是改過自新了。

這樣的人就算被刑滿釋放，常常不出幾個月就又會重新回到監獄，因為此人根本沒有悔改。

對真理無知的學者，即便在世間不算惡人但也會墮入地獄

因此，弄錯了「在宗教上有著何種意義」是很嚴重的。有的人從世間的角度來看，從沒跟犯罪沾過邊，在民事上也從來沒有因為任何不法

行為而遭到他人索賠。或者是有人作為學者，埋頭研究學問、寫書，有時還授課、演講，此人自認為自己認真地做學問。但明明這些人在世間不屬於被分類為惡人的範疇，但後來卻都墮入了地獄。

之所以如此，是因為此人所認知的「真理」當中，存在著徹底的錯誤。寫出滿是錯誤的書，並向大眾傳播、推廣的行為，與一般正確宗教的傳道活動背道而馳。

有人縝密地研究佛教，深度挖掘、修復古老經文，在翻譯梵語的過程中，認為：「釋尊闡述著無靈魂論。釋尊所言的 anātman（無我）、無我論就是無靈魂論。釋尊之前的印度宗教的教義主張『有 ātman（我）』。也就是說人類有靈魂，死後靈魂會出竅』，而顛覆此一教義的革命性思想家即為釋尊，釋尊說過『根本沒有靈魂』。」

這些人以此為據，認為「因為沒有靈魂，所以人生僅限在世期間。諸行無常、諸法無我，死後歸土，如此而已；涅槃寂靜，人死了，靈魂也就消失了，宛如吹熄燭火，轉瞬即逝。這就是諸行無常，諸法無我，涅槃寂靜的解說，此方真理」。

但是，這些不是必須透過研究才能得到的結論，凡是從未受教過的普通人都會那麼想。

既然現在只用日本教育部的檢定教科書來學習的話，普通人不會具備更上一層的知識，因而大多數人都以為「啊，人死了之後一切就結束了」。因為那些已經變成培養如此思維的教科書。

人們懂得「死後還有靈界」的道理的，大概要一直往前追溯到繩文時代或彌生時代。在古代有些記載上提到，人們會將亡者曲膝擺成胎兒的姿勢裝進缸裡，或且在肚子裡塞入沉重的石頭後埋葬。這令人聯想到「這麼做的目的大概是不想讓逝者復活」、「古代人相信有靈魂的存在」。

然而實際上，無論在社會科上也好，理科課程也好，都學不到「有靈魂的存在」。

電影中，作為娛樂性質的恐怖電影當中，即使會出現幽靈、惡魔，但在現階段，在學術上並沒有認定那些是具有科學真實性的。儘管令人非常遺憾，但這就是現實。

在美國，川普前總統在即將卸任之時，以及現任的拜登總統，不知為何都公開發表過「不明飛行物體」的存在。

川普在任期內曾公佈過三個由ＮＡＳＡ或者空軍捕捉到的，不屬於地球、來自於地球之外的「不明飛行物體」，拜登則公佈了大約一百四十三個。目前還無法確定它們到底是什麼，也不知是否應該稱之為ＵＦＯ或者是有別的說法，但美國承認了這些不明飛行物體的存在，其他國家也發現了很多類似的東西。

但是，日本政府卻以「至今尚未掌握任何ＵＦＯ情報」作為官方答覆，也就是說，官方沒有任何有關ＵＦＯ的情報。

類似的內容會出現在綜藝節目、「奇聞特集」、「驚悚特集」等夜間節目裡，對此感興趣的ＵＦＯ迷們也會上傳、展示照片。但確切來說，因為日本官方說法是「沒有任何相關情報」，所以即便日本自衛隊的飛機遇到了，ＪＡＬ、ＡＮＡ的機師看到了，也很有可能被說成是

「精神異常」，不可以將這些資訊作為正式報告提交上去。

諸如此類「對真理的無知」真的屢見不鮮。

3 與詛咒、附身相關聯的錯誤之心——慢、疑、惡見

「慢」、「疑」之心為何不可取？

除此以外，還有「慢、疑、惡見」。

日趨驕傲自滿之心，也是走向墮落之心。有些人自以為「自己很了不起」、「是天生的偉人」，或者「我擁有這樣的條件，所以實在了不起」，然而抱持著這種「只有我是別具一格的，是特殊的，是神一般的存在」的想法來行事的話，很容易犯下錯誤。

「疑」指的是懷疑。

這是現代科學與媒體合為一體的「疑」。有人認為懷疑、懷疑、再懷疑，只有無論如何也找不出疑點的東西才是真的，然而在「懷疑再懷疑」的過程中，容易把一切都看成是謊言、欺騙或者詐騙，這實在是很棘手。

釋尊的話語中確實有一部分是這麼說的，「我追求的是無論怎麼懷疑，也找不出任何疑點的真理」。但抱持著偏好的人只看到這一句，就忽視了其他的部分。

閱讀釋尊的教義，就會看到數之不盡關於神祕現象的記載，但如果把這些全都否定掉，抱持著「懷疑再懷疑，全部否定了之後，看看還剩下什麼」的心態，那就是一種「疑心」。

・以現代醫學知識錯誤地懷疑、否定釋尊的教義、傳記

另外，還有否定其中一部分的情況。

也就是一種「畢竟那是古人，所以終究不懂」的想法。

釋尊的教義中提到：「食物經過了胃部消化之後排泄而出，但為何嬰兒卻不會在肚子裡溶化，而是被生了出來呢？」這大概是因為釋尊的時代，還無法從外科的層面去理解胃部和子宮的區別吧。假如從事醫學的人讀到這一段說法就可能會想：「什麼嘛！連這種程度的醫學知識都不懂，看來其他部分也不值得一讀了。」

但我認為，僅是那一段內容，就抱持懷疑態度去全盤否定是不恰當的。

另外教義裡還寫到，人類上了年紀以後會長滿皺紋、滿頭白髮、毛髮脫落、彎腰駝背，變得像破車一樣，像是一台被皮繩捆住的破車，一步步走向死亡。這是釋尊晚年時的教導。

於是，有些美容外科的醫生又會說：「哎呀，沒有那這回事啦！現在有醫美整形，可以永保青春喔！」

動手術或許可以讓自己看起來年輕，卻無法給予永恆的生命。就算是一個讓人驚嘆「那位身姿挺拔、生龍活虎的人真的八十歲了嗎！看不出來啊」的人，也會生病、死去。

因此，不能因為存在某些疑點，就說全部都不是真理。

在關於釋尊的傳記裡還說，釋尊一出生之後就站起來往東西南北到處走。

動物是有可能一出生就會站立，例如小鹿或者小馬，如果不能打從出生就會走路，是很容易被野生的天敵襲擊，所以牠們一出生就會走路，但是人類做不到。

所以，如果學習醫學的人看到傳記裡寫道：「唯有釋尊，剛出生就朝東西南北各走了七步，並說『天上天下唯我獨尊』」，他們可能就會想：「怎麼可能有那種事！世間有那麼多的奇蹟，偶爾會聽到『治癒疾病』、『癌症痊癒』之類的事，但不管怎麼說，一出生馬上就能走上七步什麼的是絕對不可能。光從這一點上就能看出其他內容也都是一些荒謬的嘩眾取寵之談吧。」

然而，還是不能因此就對整體都抱持懷疑態度。那段內容其實是指：「釋尊雖然是以嬰兒之姿降生，但必須知道那宿在嬰兒肉體裡的靈魂相當於成年人，甚至是超越了成年人的高貴靈魂。」

剛才說到不存在「天生就了不起」，不過在這種情況下反而要說：「的確有人是天生偉人，必須要理解到那份尊貴。」

不管是父親、母親，還是叔叔、兄弟姐妹，抑或是年長的家臣，人們必須要瞭解到「作為佛陀出生之人從初始就尊貴，這一點不可忘記」；如此教義蘊藏在那般說法當中。

・從生物學觀點錯誤懷疑、全盤否定佛典裡的神祕現象

另外，還有釋尊折伏拜火教徒「迦葉三兄弟」的故事。

長男的優樓頻螺・迦葉，他有五百名弟子。長男有弟子五百名、次男有三百名、三男有兩百名。

當時釋尊前去折伏身為拜火教徒的三兄弟，三兄弟為了考驗釋尊，讓他在山洞裡過夜。釋尊請求借宿一晚的時候，他們說：「沒有房間，倒是有山洞。你就去那裡住一晚吧。」

那個山洞裡有著毒蛇。至今為止，只要有修行者前來，三兄弟就會讓他們住進那個山洞來試探他們。住進去的人多半都被毒蛇咬死，丟失了性命。所以，他們故意讓釋尊在那裡過夜。

佛典中有些內容比較誇張，所以無法分辨真假。佛典裡說那條毒蛇是火龍，也就是噴火龍、火焰龍，能噴出火來。

山洞裡有條噴火龍，這可不得了。雖然不清楚詳細情形，也許所謂的「火龍」其實是種比喻吧。山洞裡的可能是一隻能吐出如火一樣鮮紅舌頭的蜥蜴，也可能是吐紅信的蛇。不知實際情況為何，總之應該是有毒蛇，一定是眼鏡蛇之類的大蛇。

三兄弟讓釋尊住了進去，第二天早上前去一看，釋尊竟然還活著。「怎麼回事！怎麼他還活著！」非但如此，那條毒蛇竟還變成了一條小蛇，盛在碗裡被帶出了山洞。佛典裡寫道，大蛇變成了一條小蛇。

這是神變。作為一種神祕現象，被寫進了佛典。

僅針對這一點，生物學的老師或許會說：「怎麼可能發生那種事」，會疑惑道：「地球上會噴火的蛇，說的應該是龍吧。龍也許是存在的。至於噴火，雖然現在的哥吉拉可以噴出放射性的火，但是，就算兩千五百年前真的有龍，但牠真的會噴火嗎？」

然而，各種傳說裡都提到會噴火的東西。由於怎麼調查都缺少實物無法進行驗證，不清楚具體情況，但英國也有關於噴火龍的傳說。搞不清楚那究竟是一種生物，還是人工製造出來的東西，抑或者可能是來自宇宙的人工製造物，也可能是一種宇宙生物。

即使真有那種東西，或許有人會想：「怎麼可能縮小？難道是因為照了哆啦A夢的縮小燈才變小的嗎？不可能的事！」

但是，那究竟說的是什麼呢？

佛教裡有釋尊降伏醉象的例子。故事內容是，醉象非常狂暴，提婆達多故意放出醉象，踩死了好多人。但大象來到釋尊的面前，就在高高抬起前足的時候突然變得溫順起來，像小狗一樣行禮，平靜了下來，並用供人乘坐時的姿勢伏在地上。

我認為，這個故事應該是真實的。現代也有些善於使「氣」的人，能夠讓像大象那樣的動物，甚至野生動物都變得溫順，讓牠們睡著，所以那個故事應該是真的。想來，釋尊應該是擁有某種連動物之心也能控制的力量。

由此看來，關於剛才的「毒蛇的比喻」，雖不確定毒蛇到底有沒有縮小，但「使其變得沒有敵意、變得溫順」，我想應該是有可能的。

眼鏡蛇可以讓頭部伸展開來，讓體型看上去特別巨大。牠們透過讓自己看上去很高、體型很大來威懾對方。或許是因為山洞裡的毒蛇對釋尊不抱有敵意，溫順地盤成一團，所以才看上去變小了。

因此，最好拋開只因「疑心」就全盤否定的想法。

「惡見」——抱持偏離真理的觀點，關係到詛咒、附身、墮入地獄

「貪、瞋、癡、慢、疑」之後是「惡見」。正如「惡見」裡「有六十二見」的說法，各式各樣的錯誤觀點分很多類，說也說不盡。

翻開日本的六大報，各家的社論都不一樣，有時候分不清哪個正確、哪個錯誤，而在那些見解當中，有眾多內容都偏離真理了。重要的終究還是，要把那些偏離之處一個一個地排除，為貼近真理而努力。

那些抱持錯誤觀點之人、做出錯誤行為之人，都是在活著的時候受到他人詛咒，或者對他人詛咒之人。因為他們錯誤的思想、錯誤的行為，或者受到了來自他人的惡性靈性作用，而會導致被相應的地獄界惡

靈，或者遊蕩在世間的惡靈附身。

並且，如果那些東西沒有離開，始終附身在身上的話，若只是一個惡靈的話，那還不確定，但若是處於同時被四個、五個、六個惡靈附身的狀態的話，就幾乎確定此人死後會墮入地獄了。即使在閻羅王面前如何辯解，自己被附身的原因全都是出自於自己，對此必須要有所瞭解才行。

擺脫憑依之後，人生會變得輕鬆。首先身體會感到輕鬆，人生也有希望另開一片天地，但首先必須要認真思考原因是否出自於自己。

就算不是自身的原因，也有可能是「場所的因緣」。

例如現在的電視劇、電影流行有關凶宅的題材。有些房子因為「相繼出現自殺者」、「有人被殺」等的原因而售價很便宜，就有人出於好奇，特地租了凶宅並拍攝電影。我認為有些不太好的場所，不應該那麼興衝衝地主動去接觸。那種「想主動接觸的心情」當中，包含了誘發結果的原因。

因此，如果高興地租了那種凶宅，或者在被惡性咒語詛咒了的地方與人「結緣」，自己所做的事情也變得跟詛咒無異，人生就不會變得太好，因此要避開那種憑依。

詛咒或者被詛咒的人生態度所引發的結果，是在持有肉體的階段就被憑依，假如因此去醫院看精神科的話，大概會被說成患上了「精神病」。這樣的人會舉止怪異，也可能在做某件事情的過程中突然失去記憶。

例如，有人襲擊他人，拿刀刺殺對方，自己卻完全不記得。這應該是被置換了人格，當事人的靈魂短暫抽離，別的東西進入此人身體做出了那般舉動。

至於此人是否具備著責任能力，這在刑法上還是會被追究。刑法追究的是該行為發生在「有責任能力的階段，還是沒有的階段」，而不問「有沒有被憑依」，但兩者結論大致相同。

4 如何才能避免墮入地獄？

只要試著反省自己的人生就能知道會去哪個地獄

我能夠理解人們在思索天國與地獄之事時，會害怕日後墮入地獄的心情，雖不是上述提到的孔子所言「未知生，焉知死」，但是「死後自己會去哪裡」，這種事不用問靈能者，只要試著檢視一下自己的人生就知道了。

自己的心究竟是何種狀態？假如內心燃燒著熊熊妒火，過著恨不得把別人燒死的人生，應該就會去「焦熱地獄」。

如果實際涉及到暴力甚至動刀動槍的引發了流血事件，這樣的人應該會去「阿修羅地獄」、「無賴漢地獄」；因色情導致人生一團糟的人，就會被帶到「血池地獄」之類的地方。

此外，前文提到的思想上存在錯誤的思想犯，這裡的錯誤指的是宗教思想上的錯誤，但同時也包括政治思想上的錯誤。

因為實行了錯誤的思想，導致眾人捲入不幸，這種情況在左翼思想尤其常見。這種在政治思想上、宗教思想上存在錯誤的人，以及因其錯誤的根本性思想，影響、誤導了大眾之人，會墮落到深不見底的「無間地獄」。那是一個像井底一樣的地方，完全出不來，這種人會墮落到那種地方。

所以，不用問自己會去哪個地獄，只要試著反省自己的人生就會知道了。對此，請各位深思。

努力讓自己的心變成鏡子，拭去心上的惡念

各位讀過本章的內容後，請試著思索一下人生當中的詛咒與憑依。風濕等病症，除了世間性的原因之外，從靈性的角度看，有時是因為身上附著很多蛇靈。

肩膀也是這樣。嚴重的肩膀酸痛、「四十肩」、「五十肩」，或者「腰無法挺直」、「無法站立」等等，當然有時這些是出自於物理性的原因，但明明不是那般原因，病情卻始終沒有好轉的話，很多時候是因

為有動物靈附在身上。

遇到這樣的情況，首先請試著努力讓自己的心變成鏡子。這個方法跟用抹布擦拭一樣，請試著拭去心中的惡念。

自己的房間裡因自己而造成的髒亂，沒有理由交由他人隨意進來整理。由他人隨便進來整理，是很難獲得寬恕的。既然是自己把房間弄得亂七八糟，搞得到處都是垃圾，那麼好好清理乾淨也應該是自己的工作。

旁若無人地打開窗戶，把家裡、房間裡的垃圾「砰」一聲地丟到馬路上，這麼做一定會遭到鄰居的投訴。如此做法終究是一件壞事，對此不可不知。

因此，不管外表有多漂亮、聲音有多美妙、身上穿的衣服有多好看、在旁人眼中有多可愛，但如果一聽說此人的生活態度是「不愛乾淨，房間搞得跟垃圾山一樣，衣服也不洗，內衣堆積了一個多月」，那麼追求了百年的戀情都會消失的無影無蹤吧。因此，自己該負的責任，就要自己付出努力才行。

一個生活並非井然有序之人，終究會感覺到自己無法得到他人的推薦，或者是工作沒有什麼進展。

雖然此人總是不明白「為什麼不能交給我來做」、「我沒辦法勝任嗎」，但那是因為他人對你的日常生活態度給出了負面評價。對此，請各位務必要留意。

以上即是關於「詛咒和憑依」的內容。

第4章

與惡魔的對戰

——惡魔的實態及其手法

1 過往與惡魔搏鬥的宗教歷史

瞄準擁有巨大影響力之人的「惡魔」

在講述「地獄論」或者「地獄之法」時，我們無法迴避的話題之一，就是「與惡魔的遭遇」。

若是普通人，可能未曾與惡魔遭遇就結束了一生。畢竟惡魔的數量有限，不可能附身到所有人身上。

某種程度上，他們終究有著目的性。譬如，對方若是活著的人，那就毀掉對方的人生。如此一來對他們來說，就能完成某個巨大的目標。相對的，若是在地獄界能做些什麼呢？惡魔與暴力集團中的老大有相似之處，他們皆會唆使手下爪牙，將人拉往更深層的地獄。不過，惡魔的數量畢竟並非無限，因此人們遭遇惡魔的次數還是有限。

梵蒂岡等地在培養驅魔師的時候，會向人們展示類似惡魔圖鑑的東西。上面有著惡魔的圖畫與其各自的名字，並且人們會被要求記住惡魔的樣貌、特徵和名字。我不曾在梵蒂岡學習，所以不是非常清楚，但聽說需要記住的惡魔的臉孔和名字有五百種之多。

不過這種作法有優點也有缺點。我們若是知道了惡魔的名字，那麼其他惡靈就有可能會假借這個名字出現，另外有些時候，則是我們自己會吸引對方過來。所以我很少將惡魔的名字公諸於世，因為一旦公佈得多了，就相當於「知道了惡魔的名字」，便會因此與惡魔結緣，惡魔就有可能三番兩次地來訪、行騙。

一般來講，被附身的大都是在世間陷入迷惘的人。不過根據工作不同，假如惡魔認為附身於此人能夠產生巨大的影響力，那麼，附身而來的很有可能是大惡魔。多數情況下，具有影響力的人在被惡魔附身之前，通常已經有四到六個左右的惡靈憑依於其身。

經常接觸到惡魔的，還是以那些格外偏誤、走火入魔的宗教團體為主。前往那些宗教團體當中就會明白，那裡簡直就是一個「生產惡靈的工廠」，有許多惡靈隱身其中。

當然，依據程度不同，有小惡魔、中等程度的惡魔以及大惡魔等各種區分。另外，驅使手下並作威作福的惡魔當中，也有自稱「魔王」的傢伙存在。

到了惡魔的程度，情況就會變得有些棘手。若是一般人，通常是會被祖先的靈、留戀於某個場所的不成佛靈附身，或是恰巧有附身在認識的人身上的靈轉移到自己身上等，但上述這些靈跟惡魔不屬於同一個等級。

另外在本會的電影中雖然經常出現這般題材，但請各位不要誤會，某種意義上來說，如果因為被惡魔附身，所以就認定自己是了不起的大人物，而變得不可一世，這樣並非好事，我不太建議抱持這種想法。惡魔不像普通惡靈一樣可以較為簡單地就被祓除，而且惡魔騙人的手段極其高明，很擅長行騙，所以較為棘手。

另外，還有些惡魔會假借天使之名，或者冒名頂替神佛之名登場，並襲擊苦行僧或正在山林修行的人們，他們很喜歡干擾求道之人。所以，當修行者的能力進一步提升，有望開始引導眾人、獲得法力時，惡魔就經常抓住這個時機點進行攻擊。

此外，就像一開始提到的，因為惡魔的出現多半都會伴隨著目的性，所以就這層意義來說，他們跟偶然擦肩而過的靈、留戀於某個場所的靈不同，為了達成目的，他們會執拗地反覆進行各種侵擾。

另外，惡靈與惡魔皆可使用靈能力引發各種靈性現象，但到了惡魔的等級，就會經常變身成各種模樣與姿態現身，或假借他人的名義出現。

本會的弟子們有時也會上惡魔的當，所以我想各位還是得更加小心才行。

地獄的惡魔是如何誕生的？

言簡意賅地說，在靈界存在著附隨於世間的不成佛靈們居住的世界，同時，也存在著與此相隔遙遠、被稱為天國和天上界的世界。

此外，人們多半將地獄理解為一種「地下」的感覺，也就是說，地獄界是在「黑暗的世界」、「日光照射不到的世界」裡擴散開來的。

而地獄也有階層之分。在階層較淺的地方，多半還有像傍晚時分的朦朧昏暗感，但越是往深層移動就越是黑暗，甚至完全看不到任何東西。當抵達被叫做「最深處」的地方時，則會進入一個被稱為「漆黑的暗夜」、如煤焦油一樣的闇黑當中。也就是說，「黑」也有深淺之分。

那麼，惡靈與惡魔之間有何不同呢？要成為惡魔還是需要經歷一定的年數。多數惡魔都曾經是墜入了地獄的人類，在地獄裡待上五百年、一千年後，他們就有可能成為惡魔。他們「無法回歸天上界，也無法投胎轉世」，因為長期以來無惡不作，於是漸漸變成了如今的模樣。

這個可想而知吧。所謂近墨者黑，長期混跡於不良團體和黑社會的話，有些人左看右看都已經宛如一副黑社會的模樣，這跟惡魔的道理是一樣的。

只不過，若追溯這些惡魔的起源，他們以前大多是天使，或類似大天使一樣的人物，但在很久很久以前因反抗、嫉妒神而逐漸墮落，最終再也無法重返天上界。這些人在地獄界成為魔王、帝王，轉而建構自己的世界，就如同現實生活中的「黑社會世界」。

他們雖然也會驅使手下、拉幫結夥，不過慶幸的是，惡魔之間不太傾向共同戰鬥、協力合作。說慶幸可能有些語病，但如果有幾十個、幾百個惡魔群起而攻的話，我想局面還是會十分棘手。不過他們因為彼此之間的關係不算融洽，大多都是獨來獨往，或頂多驅使自己的手下而已。

從基督教的「煉獄」、「地獄」的教義中看見「人類的狹隘之處」

即使如此，惡魔也有系統之分，他們選擇攻擊的對象也會依照對方的系統而有所區分。信奉基督教的信眾就會受到基督教派的惡魔攻擊、信奉伊斯蘭教的就會受到伊斯蘭教派的惡魔攻擊、佛教徒會被佛教派惡魔攻擊、日本神道的信徒便會受到神道派的惡魔攻擊。多數情況下，各自的民族與宗教都會遇到相對應的惡魔。

日本宗教的情況是，人們大多無法清楚地辨識出惡魔，只要是擁有 super power 或超能力的存在，一律都會被人們視為神明並接受祭拜。所以，我深深地感受到，人們在這方面「區別善惡的力量」還有所不足。

這可能意味著世上或許沒有誕生過幾位真正偉大的宗教家，也可能是因為民智水準還不夠高。

只是，即使是基督教，關於地獄的知識也談不上有多深厚。

《聖經》當中有這麼一句話，耶穌說：「墜入地獄後，將永遠受到業火的灼燒。」這句話讓許多一般的基督教徒誤以為「一旦墜入地獄，就再也無法離開地獄」。因為無法從被稱為「永遠的業火」這般靈性且足以把靈魂燃燒殆盡的火焰中脫身，所以，人們大多認為墜入地獄就是墜入阿鼻叫喚地獄這類典型的地獄之中。

就基督教而言，其教義裡原本就有天上界的概念，但說到地獄，則是認為「人一旦墜入地獄，就會永遠失去生命」。也就是說，他們大多認為「擁有信仰、學習耶穌的教導，並付諸實踐的人，才能得到永恆的生命」。

歷代基督教會所教導的教義，令我感覺到他們固然有著傳道的目的，但由於宣稱「不透過基督教，就無法走進天國的大門」，所以按照如此想法，基督教基本教義就是「所有異教徒都將下地獄」。

當然，他們是出於傳道目的才這麼說，也是在勸人們改宗、改信基督教，從推動傳道的意義而言，有其積極的一面。但我總覺得，宣稱「不信仰基督教的人都將下地獄」的說法太過極端。

曾經，凱撒（Caesar）等人遠征高盧（高盧即今日的法國、德國一帶），凱撒曾經遠征這一帶的歐洲，部分戰船更一度到過英國。

之後，軍隊與基督教聯手佔領這些地區的時候，他們在成為殖民地的各國大力推廣基督教。但是，大多數民族都已經有著類似供養祖先的宗教信仰。以當時的情況，如果「不信奉基督教，就無法回到天國」的話，那麼「現在被征服的我們或許可以皈依基督教，但我們的父母、祖父母以及更早的祖先們要怎麼辦」、「迄今為止，我們供奉祖先的儀式又要變成什麼樣子」。所以，當時推廣基督教並非順天應人。

也就是說，如果「不信奉基督教的人都將永遠遭受業火焚身、身陷地獄無法自拔」，那就會引出一個疑問：「人們在二千年前才終於開始能夠進入天國，那之前的人們難道都在地獄嗎？」客觀來看，如此說法顯然太過於自吹自擂了。

因此，基督教發明了一個「中間地帶」，也就是「煉獄」。簡單來說，所謂的「煉獄」，就是指「活著的時候雖然沒能追尋基督教，但洗心革面，最終皈依基督教義的人，也可以進入天國再轉世為人的世界」。煉獄處於「中間地帶」，它的下方才是地獄，這就是基督教想出的方案。

大概是在一二〇〇年代吧，在十三世紀的義大利，但丁的《神曲》中就有敘述《天國篇》、《煉獄篇》、《地獄篇》，當中有非常明確的描述。所以，從中世紀左右開始，這三者的區別開始變得更加清晰。而在此之前，大多數人皆認為「異教徒會直接前往地獄」。

因此，當奧古斯丁在四世紀左右脫離基督教，打算改信摩尼教時，他的母親摩尼卡便拚命地阻止他，試圖讓他回歸基督教，而奧古斯丁最終也回心轉意，重新回到基督教的懷抱。簡而言之，其母親也對「其他宗教的歸宿只有地獄」深信不疑，這才拚命地把奧古斯丁拉回基督教之中。

而現實中，就像幸福科學的《太陽之法》、《黃金之法》、《永遠之法》（皆為幸福科學出版）等書中寫到的一樣，各式宗教中，神佛或者代理神佛的人們會降生於這世上，其身分皆是光之天使、菩薩或如來，並傳播適合該時代、適合該地區的宗教。因此，即使教義的種類並不相同，但只要切合時代和地區的需求，就皆能拯救大眾。這樣看來，信奉基督教以外的都將下地獄的排他想法，可能就是「身為人類的狹隘」吧。

這很容易理解。在這世上，假如經營一家店，一旦附近有另一家性質相同的店開業，難免都會感到不快吧，就是這個道理。酒鋪的附近開了另一間酒鋪、蔬果店的旁邊開了另一間蔬果店，一定會讓人心生厭煩。我猜，這跟宗教的道理有相似之處。

以現代來說，即使一條商店街當中有許多相似的商店，但卻可以起到聚集經濟的效應，吸引更多的人潮。

東京也一樣，例如有鐵板燒店聚集的地方、關東煮店聚集的地方、小酒館聚集的地方。在那些地方，每個人都有「選擇的自由」，他們可以選擇去哪家店，所以人們會決定「總之，先到那裡看看再說」，於是就出發前往那些地方。當人們決定「去一趟月島，嚐嚐文字燒吧」時，他們並不會事先決定好要去哪家店，而是先到月島，在漫步街頭的過程中選擇尚有座位、看起來美味、感覺不錯的店家用餐。

現今會有這種產業聚集的情形，但對於以前的人來說，「同業」的存在確實讓他們非常頭疼。

在基督教和伊斯蘭教紛爭中出現的「地獄」和「惡魔」

這種「憎恨」引起了基督教和伊斯蘭教的聖地之爭，或者說促使耶路撒冷爭奪戰中人們成立了十字軍，從而引發了三次戰爭。基督教從歐洲派遣軍隊，發動猛烈進攻，目標是要奪回耶路撒冷。期間激戰不斷，雖然一進一退，雙方都出現大量傷亡，但基督教終究未能奪回聖地。

在戰爭期間雖然出現了很多英雄人物，可是在我看來，這場戰役多少出自於無知。

十字軍戰爭中，羅馬尼亞出現了一位王者人物「德古拉伯爵」，他就是現在《德古拉傳說》的原型人物。德古拉伯爵固然是一員悍將，但他會把斬下的「敵人的首級」用刺槍串起並立起來。這是相當毛骨悚然的場景。所謂的敵人，大多是指伊斯蘭教徒，而如此舉動又形成了另一個地獄。

因為有類似這樣的情形，所以敵對雙方都可能會出現「地獄」和「惡魔」，在戰爭中很難判斷正義。

甚至，有些人甘願在死後落入地獄並化身為惡魔，只為了換取世間的地位、權力和名譽。

我想應該會有一群人說：「惡魔可以指使人類、可以自由驅使其他的靈魂，還可以附身在世間之人身上折磨他們，這樣不是很好玩嗎？」或許從某個角度來看，確實是如此，不過，假如有個迪士尼風格的主題樂園和遊樂場，但是永遠總是在鬼屋裡扮演鬼怪，或者永遠乘坐在雲霄飛車上飛來飛去，恐怕也不是那麼令人開心的一件事。

2 不為人所知的「地獄最深處」的場景

死後，等待唯物論者們的「十六大地獄」

說到地獄的要素之一，「恐懼」必定列於其中。世間也存在著「恐懼心」、「疼痛」、「痛苦」、「悲傷」，但到了地獄，這些都變得更加極端化。

另外，幾乎所有墜入地獄的人們都具有某項共通點，就是那些被稱為「唯物論者」的人們，也就是那些認為「只有物質，只有今世」、

「人生有限」的人們。

地獄就是這類人們容易前往的世界，在那裡等待他們的，是他們自身痛恨的責難之苦。因為他們只認定擁有肉身的自己，所以如果問「以肉身活著的時候，會讓人感到困擾、痛苦、悲傷的事情是什麼」的時候，舉例來說，可以是被斬殺、被槍殺時的痛苦。因為唯物論者執著於自身的肉體，所以他們將一次又一次地體驗被持刀追殺、被槍林彈雨襲擊、從高處墜落而死亡等的肉體苦痛。

先前提到了「阿鼻叫喚」，而「如哭喊般的嚴峻」也是地獄性的要素之一。

或者，雖然這跟國情和地區性有關，但傳入日本等地的說法是，地獄有「八大地獄」，有炎熱的「灼熱地獄」，以及寒冷的「寒冷地獄」，據說「冷熱各約有八種」。

這也取決於地區性。日本有夏天、冬天，但在始終處於暑熱的地區，似乎就較沒有寒冷地獄。相反的，始終處於寒冷的地帶，也不太會有灼熱地獄，有著地區性差異。

所以，把傳來日本的「八大地獄」，即「寒冷地獄」和「灼熱地獄」合併起來，一共會產生「十六大地獄」。

這是從中國一帶流傳過來的，也就意味著那裡也有類似的地獄吧。而緯度更高的地區，情況可能就有些許不同了。

說到灼熱地獄系統，我認為那多半存在於火山眾多的國家和地區。

另外寒冷地獄系統則是存在於大雪厚積、冰天雪地，容易讓人們凍死的地方。

對於在這世上擁有生命體的人來說，無論是「灼熱的地獄」還是「零下的寒冷」，都伴隨著失去生命的危險。因此，對於視肉體生命為中心的人而言，這必定是件無比恐怖的事。

以日本的氣溫降到零下的情形來說，零下二、三度左右已經算好的了。到了北海道等地還會再更冷一些。

但到了紐約，即使沒有下雪，氣溫也有可能降到零下二十度左右。紐約的緯度與日本的青森一帶相當，但當如此寒潮來襲時，只穿一件外套實在很難禦寒。我以前在日本穿的棉襖外套根本無法抵擋零下二十度的酷寒，不穿件稍微昂貴的喀什米爾羊毛外套，一定會凍得瑟瑟發抖。還有，當時雖然沒有這種東西，但後來開始出現羽絨外套，只要有一件羽絨外套，禦寒效果就大大提升了。

因此，有所謂「寒冷地獄」以及「灼熱地獄」，而誰都不知道當事人到底會去往哪個地獄，但這也跟此人的人生態度有關。大致上來講，當「嫉妒」的火焰或者「憎恨」，也就是嫉妒、憎恨類的情緒較強的話，多會前往灼熱地獄。而寒冷地獄的話，則多數跟「孤獨」、「恐懼」、「貧窮」之類的因素相關。缺乏糧食等等，也都與寒冷地獄較為相關。

因為人是以靈體的形式前往地獄，所以其外形經常會轉換成適合當前環境的樣子。接著，此人在世間極其厭惡的東西會接二連三地出現，讓人不禁驚訝：「到底會持續到何時？」

如此情形也經常出現於地獄繪圖之中，雖然有些描繪地多少有點誇張，但有些則是與現實相符。

在基督教當中，但丁曾經撰寫過《天國篇》、《煉獄篇》、《地獄篇》。但讀一讀煉獄相關的描述就會覺得，其中有些地方寫得模糊不清，讓人不甚明瞭。我認為，那有相當程度的部分是憑藉想像力創作出來的。

而閱讀天國篇時，裡頭會出現許多歷史上赫赫有名的人物；而地獄篇中，被斥為「罪大惡極」的人則是為數眾多。另外，其他民族的國王、宗教家之類的人物也被記載在地獄篇之中。

可是我總感覺，有些部分不完全是在描寫靈界。

直墜無止盡頭之「無間地獄」的人們

說到「煉獄」，在日本以及全世界都很流行的《鬼滅之刃》裡，有個名叫煉獄杏壽郎的角色。年紀在二十歲左右，是個擅於與惡鬼對戰的厲害人物，並被稱為「柱」。那時覺得：「這名字取得真威風啊。」只是，小朋友們大概不會明白這名字的含義。漫畫裡描寫了如此人物，而據說那種地方（煉獄）確確實實地存在。

其實，日本文化中不太會講到有關煉獄的事情。耶穌所說的「墜入地獄，失去永恆生命」、「永世不得超生」的地獄，以日本人的思維理解的話，大概是被稱為撒旦、惡魔等，即已經變成惡魔的人物，這些「地獄的傳道部隊」策劃各種陰謀詭計、企圖增加地獄勢力的所在之處。一般來說，這些人是永遠無法從地獄脫身的。

此外，還有一部分的人，他們將無可救藥地筆直墜入被稱之為「無間地獄」的地獄底部，以頭下腳上的方式直墜而下。這些人大多無法輕易地脫離地獄。而這些墜入無間地獄這一深不見底的地獄的人，多半是思想家、學者、政治家以及擁有巨大影響力的人。

以思想家為例，如果問他們「你們犯了什麼世間定義的罪了嗎」，回答會是否定的，但他們「在人們心中注射了毒物」。因為透過這種方式給予太多人負面影響，所以有些人只能永遠待在地獄當中。

所以說，這樣的人，即使在這世上被尊為「老師」，他們盛名斐然、地位崇高、盡享榮華。舉太多具體的事例，對當事人來講還是有些不禮貌，所以較難以說出口，但舉例來說，那些總是書寫慘不忍睹的殺人事件的小說、拍了太多這類電影的人，他們的內心有很大比重都是在關注這類事件，所以心境會逐漸與如此場景相通。這種人在死後甚至不用經過「閻羅王的審判」，也不用一邊觀看映照出自己過往人生的「照妖鏡」或「淨玻璃之鏡」一邊進行反省，就會直接頭下腳上地墜入無間地獄。

此外，在學者之中，我想文科中以哲學和宗教系的教授居多，常常這些人會先墜入地獄，其中大都以「在世間為地獄性質的觀念煽風點火」的人為主。所以，如此族群當中包含了許多世間當中的偉大學者，其中不乏貴為東大名譽教授的人物，或世人眼中的大作家。

但是，判斷一部作品屬於天國性質還是地獄性質其實是很困難的吧。小說中雖然會出現「致人死亡」的描述，但最終還是要由「整部作品是否擁有讓人洗心革面、淨化人生的力量？還是引誘人走向地獄、走向邪惡的誘惑更多？」、「隨著這部作品的問世，這個世界變得更美好還是更糟糕？」來判斷。

因此，當太過於強烈地肯定唯物論或肯定殺人型的革命思想，譬如「畢竟是個唯物論世界，所以殺個人也沒什麼大不了」，散播這種過於殘忍的思想的話，難免會直墜無間地獄，也曾經有過那些過了頭的人，直接變成惡魔的情形。

以「超人思想」批判基督教的尼采之罪

有鑑於我想在本章跟各位講述與地獄惡魔之間的戰鬥，所以從兩、三天前，我就開始閱讀本會在電影《永遠之法》中曾描述過的德國哲學家尼采的書籍。但一如預期，以我來說，在閱讀的過程中，對方的靈會確實來到我身旁，相當的煩人與棘手。

其書中寫到的哲學思想出現了「神已死」如此詞彙。尼采講述了「超人思想」，以此對基督教進行批判。

尼采出生於基督教新教的牧師之家，他從十三歲左右開始覺醒，是個相當聰明的秀才。尼采在古典文獻學領域中成為一名研究者，二十四歲被招聘入巴塞爾大學，二十五歲正式成為教授。年僅二十五歲就成為古典文獻學的教授，可想而知，頭腦應該是相當聰明的。他精通希臘語、拉丁語等多種語言，而且思緒嚴謹，更對過去的哲學等學科進行過深度的學習。所以我認為，尼采的例子可以作為一個例證，證明不能僅憑頭腦的聰明愚鈍來決定一個人會前往天國還是地獄。

尼采雖然二十五歲就成為教授，但他發表的意見畢竟太過極端，批評聲鋪天蓋地而來。於是，後來便慢慢地被逐出學界。

他比較有名的作品，就是那篇《查拉圖斯特拉如是說》。古典音樂中也出現過這個曲名，查拉圖斯特拉指的就是瑣羅亞斯德。

他的意思是：「耶穌被定為罪人，跟其他罪人一起被釘上十字架，被折斷雙腿、釘進釘子，最後死在亂槍之下。以世間的眼光來看，這位神未免太弱了些。」由此得出一個結論：「相信這樣的耶穌，也未免太愚蠢了？」他更認為：「殺害耶穌的，是猶太民眾的無名怨憤。」所謂無名怨憤，是指滿腔的嫉妒情緒吧。也就是說「耶穌是被嫉妒心殺死的神」。

此外，他還說道：「明明被釘上十字架，這十字架在後來居然被當成神的某種象徵，以這種聲稱『人類因此被拯救』的保羅思想為起點，原本在世間遭到殺害的弱者，卻成了被人們奉為偉大的人，這種宗教簡直是詐欺。」原本基督教的確存在著如此弱點，而他恰好將這一弱點作為突破口進行攻擊。

尼采的父親在三十多歲的時候離世，所以門第到底如何，我們無從知曉。但畢竟出身牧師之家，對基督教學應該是很瞭解的吧。但他卻總覺「竟然如此崇尚這樣不堪一擊的神，簡直太荒謬了」，並主張「為神者，必須強大」。

從菅原道真和平將門所見的透過祭祀怨靈平息其怒火的日本

其實這種情況在日本也是存在的。在日本，被稱為神的多半是軍神。大多都是「戰爭中獲勝之人」被供奉為神。

只不過，當戰敗者的怨靈太過恐怖的情況，也會被奉為「神明」。人們建造靈廟、建造神社來祭祀他們。人們害怕他們「作祟」，於是虔誠祭奠，賦予神格給這些「神」，為他們奉上各種供品，以此消除他們的怨念。

一個有名的例子是，現在已經被奉為「學問之神」，但生前遭到貶謫、被流放到太宰府的太宰府天滿宮的菅原道真。他以終止派遣遣唐使而出名，學業方面也異常優異，但最後的結局卻是遭到流放。

菅原道真是一個事例，此外，還有在「平將門之亂」中成名，在關東一帶起兵作亂的平將門。

以前在千代田區曾有一間「日本長期信用銀行」，不過現在這間銀行已經不再使用這個名字。建築整體呈黑色，看上去總讓人覺得黑漆漆的有些恐怖，但某種程度上卻很有人氣。建築物整體形狀高聳且有些另類。中間被挖出一個ㄇ字，而ㄇ字之上卻還有結構，因此看到以後我很是擔心：「一旦發生地震，會不會就直接倒了？」而平將門的首塚就位在這棟大樓的一角。

但這個地方讓所有人都感到害怕，所以，日本長期信用銀行的行員的座位都避開這個地方，並且絕不敢背向那裡。

因為背對著首塚而坐的人們接二連三出現了「怪死」、「謎之死亡」等現象，新聞報紙也多有報導。因為太過恐怖了，人們在事後甚至選擇重建。這樣的地方終究還是很嚇人，即便經過千年，卻依舊能夠如此作祟，著實恐怖。

可是提到平將門，以前曾發生過這樣的事。

本會總部的地點以前是在赤坂附近，坐落在紀尾井町大樓。當時，角川書店的角川春樹曾經來訪過。

他是一位破天荒的人物，他自己建造了「角川神社」並兼任住持，似乎是一位靈能者，也創作出多部與「超能力事物」、「靈界事物」相關的電影。

他當時向我提議：「你要不要出版文庫本作品？」當時我的《太陽之法》、《黃金之法》、《永遠之法》等十本左右的書都是經由角川書店以文庫本形式出版的，也因此角川先生時不時地便會來找我。

對方曾問：「你覺得我的前世是誰？」我回答道：「您曾在其他靈能者那裡聽到過答案了吧。所以，我還是不說的好。」

而他卻說：「不，我並沒有詢問過其他靈能者。所以不要客氣，告訴我吧。」事實上，他曾向其他靈能者打聽了一下，得到的是「過去世是武田信玄」的這個答案。所以他一直是抱持戰國武將「豪取天下」的心態投身於事業，但在我看來，他的前世怎麼看都像是平將門。

看到平將門附於其身，我也有些擔心：「居然是這種人物附到他身上，這下麻煩了。」當時在角川電影中能看到的都是《魔界轉生》、《帝都大戰》之類的作品，果然跟「魔界」脫不了關係。因為老是出現「魔界」，所以我告訴他：「可能是平將門。」我不知道他相信與否，但還是跟他說：「可能你從其他靈能者處聽到的是不同的答案吧？」

他覺得我是個靈能者，所以便放心地向我吐露心聲，說道：「有人這麼問過我：『之前南美不是火山噴發了嗎？角川先生，是不是你讓火山噴發的？』」我應了一聲：「啊，是這樣啊？」同時覺得，對於營運這種一流公司的人而言，講那些話未免太危險了。

當時，每每與他見面聊天時，我都會感到有點頭暈目眩。總感覺空間搖搖晃晃地有所歪斜，所以很疑惑：「這是怎麼回事？」過了沒多久，就發生了他因為違反毒品管制法而被逮捕入獄的事，這才明白：「啊，當時空間扭曲變形、飄忽不定的感覺，原來是因為毒品啊。」

可見，他是透過攝入毒品來產生幻覺。我認為他是想透過前往靈界的體驗來作為創作的靈感。

過往，在夏天時，我經常租借輕井澤的小木屋，讓自己閉關在裡面。回想起來，那時正是他遭逮捕的消息傳得沸沸揚揚的時候，我因為還沒看到報導，所以並不知情。而到了傍晚，小木屋的客廳一隅突然出現一個黑漆漆的身影，雙手抱膝蹲在那裡。

我正感到奇怪：「咦？這是什麼？一個黑黑的東西坐在房間角落裡啊。」仔細定睛一看，才發現這人很像角川春樹先生，並心想：「怎麼回事？他來做什麼呢？」有些人死後會來到我這裡，所以又想：「他是已經死了嗎？」但怎麼看都不像已經過世的樣子，看了看新聞，出現「已被逮捕」的報導，這才明白「啊，姑且是來求救的吧」。

後來他說他在罹癌接受手術、進行治療的過程中，躺在病床上的時候還頭戴耳機，不間斷地聆聽著《正心法語》。或許我作為一個靈能者，多少還是有取得他的信任吧。後來其疾病似乎也痊癒了。總之，發生過這樣的事。

所以，即便對方是靈能者，還是必須看清楚此人跟何種系統的靈體相通才行。

3 現在仍盤踞在部分宗教界的「惡魔」

惡質靈能力系統宗教的「靈能力信仰」中潛藏的危機

尤其是惡質的靈能力系統的宗教，若好幾年都信仰該宗教的話，地獄靈的憑依及邪惡的影響就會很難去除，非常麻煩。

真言密教系統當中當然也有「正統的、正當的」宗教存在，但像是以咒殺對手為中心的地方，當中的信眾明明尚未獲得覺悟，卻做著「以為以手覆蓋他人身體，就能淨化他人、淨化靈魂」之事。這類宗教因為有諸多錯誤，所以會吸引地獄靈前來，有些還接受了惡魔的指導，再加上數量眾多，因此非常棘手。

長時間信奉那種宗教，或者「暫住在那些宗教設施裡進行研修」的人，其中有些後來成為了本會的職員，但這些人待在該宗教的時間越久，要去除這些地獄靈或惡魔的影響就越不容易。如果先前生活中充滿了該宗教的色彩，那就更加難以擺脫，即使出家到幸福科學，也很可能出現被拉回去的遺憾狀況。

所以，即便是靈能力信仰，其宗教當中也必須有正當的教義存在，讓人們遵循教義端正自身的行為，進行反省、提升人格。若是認為僅憑超能力就能解決所有事物的話，就相當危險了。這是我有了各種經驗後得出的結論。

特別是，如果雙方都是被不成佛靈附身之人，彼此互相將手覆蓋在對方身上，試圖祓除彼此的惡靈，並說道：「對方的惡靈、憑依在對方身上的東西，就像薄紙被撕下來一樣慢慢地被剝離了。」即使反駁：「理論上來講，這根本就是不可能的。只要神光沒進入體內，根本就不可能去除那些東西，不是嗎？」他們也不認同，並說：「不，不是這樣的。我們有法器，還佩戴著『御靈』。有了這些，就可以祓除惡靈。」而這就是真光系統的宗教。

關於真光系統的祓除儀式，曾發生過這樣的事。

那是我靈道初開的時候，當時為了考取駕照，曾在櫪木縣東足利駕訓班的集訓宿舍裡住了十八天。當時我與一位信仰真光的年輕人一同生活，在與他聊天的過程中，對方便慢慢地將話題轉到了宗教上。

他們姑且也有經文，或者說祝詞。這在神道系中經常出現，他們在念誦時是以「在高天原的神之御名為……」開始，然後接著念誦經文或者祝詞，總之二者是一樣的。念誦祝詞的同時，念誦者脖子上會掛著被稱為「御靈」的類似勾玉一樣的東西，並會伸出手掌向下覆蓋。

當時的我靈道已開，如果問我接受該儀式是什麼樣的感覺，那就是感覺到一股「火辣辣的熱」。被祓除時，雖然感覺「熱辣辣的」，卻並非來自天國的那種溫暖，而是像燒焦一樣的灼熱感。信奉該宗教的人一旦感覺到「火辣辣的灼熱感」湧現，大概都會以為那是來自神光。但從我的感受上來說，那是被稱為「焦熱地獄」或「大焦熱地獄」等地方的灼熱感。

因此可以斷定那裡的教祖已經墜入大焦熱地獄了。他在生前總是把

「火雨就快降下來了」掛在嘴邊。那個人整天說著「世紀末來了，火雨要降下來了」之類的，而我所感受到的確實也是「火辣辣的焦熱感」。我認為他墜入的就是焦熱地獄。

天上界的靈和惡魔之間的「指導」有何不同？

有時候會是這種「燒焦一般的灼熱感」襲來，而投入於宗教或信仰時，有時還會體驗到「直打哆嗦的寒冷」，通常會以感受到那般足以讓人渾身汗毛倒豎的酷寒居多。

這種情況不限於惡魔，地獄靈之類的到來也會伴隨著「溫度急轉直下的寒冷」，這種體驗跟各位在鬼屋所感受到的近乎相同。

我過去曾提及，以前曾發生過這樣的事。

我哥哥還健在的時候，他的靈道也已經開啟了。說起來有些對不起他，但在收錄靈言時，他同意讓惡靈都附身在他身上，而只讓光之天使附身在我身上。雖然現在惡靈和光之天使都必須由我一個人承擔，有些麻煩，但在當時，哥哥有點像是「惡靈負責人」。

位於川島町（吉野川市）的老家二樓有三個房間，我們曾在中間的房間收錄靈言，當惡靈附體的那段時間，室溫真的下降了二度。在物理意義上，溫度計的溫度真的下降了，所以我們感覺到了寒冷。有了如此親身經歷後讓我們明白：「啊，原來惡靈到來之後，溫度真的會降低啊。」

因此，如果各位在進行各種修行或靈性體驗時，感到一陣刺骨的寒意襲來，或者感受到非比尋常的灼熱感，有如燃燒般的酷熱、有如鐵板上炙烤般的酷熱、有如被放在鍋裡烹煮的酷熱的話，請務必知道「那並非是來自天上界的東西」。

當天上界的靈降臨時，自己若真的被憑依的話，會有某種東西被清脆地取下來的感覺。那種感覺就如同壁紙剝離牆壁的瞬間。接著，暖呼呼的溫暖會撲面而來，讓人如沐春風。

相反的，當惡魔到來時，會感覺胃裡咚地一聲掉入一個鐵球，會出現沉重且隱隱作痛的感覺。

我聽說，其他人也有過類似的經歷，而我的經歷如下。

ＧＬＡ團體在高橋信次過世後分成了幾個派別，其中有位現已亡故，名叫千乃裕子的人，她出版了很多與高橋信次的書名雷同的書。稍微瀏覽一下字面的話，會讓人感覺她寫的內容跟高橋信次的作品沒有太明顯的區別。

我的父親和哥哥當時也讀過她所寫的書，但他們倆人都感覺不出該作品的錯誤之處，說著：「寫得真不錯。當中寫到了愛與慈悲的內容，還是由慈悲與愛出版社出版的，內容真好啊。」並將那本書寄給我，我試著讀了一下，但還沒讀到一半，文字就開始變得扭曲了，完全讀不下去，胃也彷彿有千斤重，覺得「這真無法承受，這本書不能繼續放在房間裡了」，雖然感到非常抱歉，但我還是把書當垃圾丟了。

對於那些隸屬於惡靈教團，並擁有很多這類書籍的人，我覺得，還是不要把這類書本放在房間裡比較好，因為擁有書本就足以結下緣分。

而我的書又是如何呢？我還是在家之人的時候，出版過《蘇格拉底的靈言》（現在以《大川隆法靈言全集 第9卷》、《同 第10卷》【均為宗教法人幸福科學出版】發行）這第五卷，當時名古屋最大的書店，好像叫丸善，有陳列這本書。有一天午休時間，我前去這家書店，看到店裡擺放這本書的地方居然發出「金色的光芒」，令我不禁大吃一驚。看起來就像「金色的便當盒」疊放在一起，而那次是第一次讓我明確地感到「哇，居然會如此光芒萬丈啊」。

所以，書店會擺放如此金光閃閃的書籍，也會擺放散發地獄性物質的書籍，有人在毫不知情的情況下就買了其中一本，或者也有人被其他書籍所吸引。因此，各位還是小心謹慎點才是。

宣揚「日本性惡說」，像蜘蛛網般纏住人的統一教之錯誤

另外還有統一教，這個教團初期的「主張架構」跟本會頗有相似之處。教祖已經過世了，但統一教宣稱「文鮮明是耶穌・基督的再臨」，而幸福科學則是主張「大川隆法是佛陀再誕」，兩者說法有些相似。

此外，一開始我以「原理系列」為講題進行了十次講演，而當我要將這些內容整理成書出版時，出版社卻詢問我：「如果一直強調『原理、原理』的話，可能會被誤認成是統一教的作品，是不是換個名字比較好？」

統一教基本上沒有基本書籍，最多不過就是《原理講論》，主要的教義內容都寫在這本書裡。內容從「亞當和夏娃」的故事講起，大

致上是說，就如同「夏娃受到撒旦的唆使，結果導致了亞當的墮落」一樣，世上的人類也已經墮落，書中寫的是如此墮落論。「今後，人們必須返回天國，必須重回伊甸園。這就是我們推展傳道活動的目的」，《原理講論》說的就是如此內容。

另外，書中寫道：「日本就是夏娃的國度，韓國則是亞當的國度。日本這個夏娃的國度遭到惡魔入侵，在惡魔的唆使下，連累韓國變成現今如此糟糕的狀況。」但想不到這個教義在韓國聚集了一些名氣。直到現在，他們仍在持續宣傳「日本性惡說」。

他們不斷地叨絮百年前的事情，說著「戰前，我們的人民被某某財閥的某某重工徵用」，直到今天也依舊有人要求「付錢」！但從根本上來說，整個韓國民族本身其實都持有如此想法。

他們嚷嚷著：「我們被夏娃之國日本騙了。撒旦侵入了日本，我們因為被這個國家欺騙，朝鮮半島才淪落至此。唯有日本也遭受一番苦難並進行反省，罪行才能獲得赦免。」

所以，他們認為「日本的女性等同於動物」、「既然跟畜生一樣，那麼管她是誰也好，就算把她們拉走，讓她們接受集體結婚，也算不上什麼罪行」。

此外，他們還主張：「因為日本是夏娃之國，所以從日本徵取錢財是一樁好事，盡可能地從日本吸光金錢吧。」並且告訴人們：「吸光之後，都帶回韓國來。」

到了最後，因為已經用盡了「教義」，也想不到「其他有販賣價值的東西」，所以教祖號召人們「即使是小石頭，也要將其換成錢」，或在有人行道的十字路口派遣一位可憐兮兮的日本年輕賣花姑娘，讓她在路口叫賣康乃馨，以此換取金錢，即便那些地段很容易發生交通事故，但「什麼都可以，就像從日本人身上吸血一樣，把錢吸光送來韓國就對了」。

他們高舉這種思想，以日本為敵，好迴避跟北韓之間的分裂，並號召大家：「只要把撒旦從我們共同的敵人．日本這個夏娃的國度趕出去，我們就能獲救，就能回到伊甸園。」所以，這個教團在韓國的名聲並不算壞。

統一教跟自民黨之間還有勾結，選舉的時候提供應援，派遣祕書給他們，再從自民黨那裡收取金錢，做著各種事情，因此也遭到媒體的口誅筆伐。他們從很久以前就開始做這些事，在各個重要的地方可以說是無孔不入。

只是，讓我覺得可憐的是，信仰這個宗教、加入這個團體的人，大多都懷著一種「純粹的心態」，這是讓我覺得他們的信眾很可憐的地方。

並且，這個團體的勢力還滲透到政治家當中。渡部昇一先生就是個例子，當時他有三個年幼的小孩，所以必須請人來幫忙操持家務，而前來幫忙的女孩子據說就是統一教的人。

她在十五歲左右就過去幫忙，在那個家裡待了大概十年。依昇一先生所述：「這個女孩做事真的十分盡心盡力。她非常忠於職守，在別人看不見的地方，吃起飯來也是像一點一點地啃小餅乾般地用餐，她真的幫了我們家很大的忙。」似乎在孩子們升上中學之後就請她離職了。可能因為統一教也在操控勝共連合組織，瞄準「渡部昇一先生可以派上用場」，才把她派去的。所以，這個教會會在關鍵之處安插人手。

說到他們將成員送進政治家身邊，像是「在選舉的時候，為他們提供超過法律規定人數的祕書，以此提供幫助」。我想這也是他們的手法。

因此，身處其中的許多人都認為「自己是在做好事」，當中多數看起來都是心境純粹之人。

我不知道統一教用英語怎麼說，應該是「unification church」之類的。過去我在美國的時候，有一天我在曼哈頓街角被叫住了。有一位會講一點日語的阿姨說著「知、情、意」之類的話語，我正感到「咦，『知、情、意』？美國人怎麼會知道這些？」的時候，對方就過來邀請道：「要不要一起聊一聊？」

我不記得那是星期五傍晚還是星期六，總之，有一個傍晚集會的場合，對方說「大家一起吃吃飯、聊聊天。我們是基督教」。我當時心想「學習些基督教的事物也不錯」，地點在曼哈頓正中央，好像是第五十大道附近吧。對方說著「知、情、意」，又強調「這很重要」，我一時誤判情勢就跟她去了。

進去一看，除了我之外還有另一個人，是一位日本料理的廚師。廚師是日本人，在當地留學，參加這活動的就我們兩人而已。

他們把我當作說話對象，講了大概五個小時吧。從傍晚一直持續了五個小時，最後我不得不脫下身外的「外套」，裸裎自己的「盔甲」，告訴他們：「其實我也是靈能者，我知道你們在說什麼。」然後展示了靈能異言給他們看，對方的態度便馬上一百八十度大轉變，說：「呿，是啊，我知道你在幹嘛。」就在他們集中跟我說法的時候，被抓來的那位廚師趁機離開，只剩我一個人在那裡。

對方要求我把住址、名字和電話號碼寫下來，我想「這可能不太妙啊」，所以沒有寫電話號碼，只寫了地址，之後他們便經常寄明信片過來。

那次以後，我再也沒去過那個地方，但遇到的人確實令人感覺溫和。乍看之下，為人謙和，非常親切，口口聲聲講著「所有的宗教必須合而為一」，聽起來說得很有道理。

但是一看他們的做法，例如他們會從「看手相」開始，以如此夾雜著些許欺騙的誘導手段做為起手式。那時，那位日本女性也有幫我看手相，且他們對所有人說出的台詞一定都是：「你是個聰明人。」但是外派紐約的日本企業人士大致上本來就都是菁英，所以誇他們「頭腦聰明」通常錯不了。因此，他們習慣將這一點做為切入點誇讚對方，再一步一步地下手。他們看起來親切溫和，但雖然覺得「好可憐」，卻也無計可施。

因此，他們不算是給人「火辣辣的灼燒感」或「酷寒」的感覺，而是一種「和煦的感覺」、「乍看暖洋洋的感覺」，但隨後蜘蛛絲會一根根纏上來，將獵物慢慢捆綁到蜘蛛的巢穴，最後獵物一旦在蜘蛛的巢穴之中被五花大綁，蜘蛛就哧溜哧溜爬出來，把獵物一舉拿下。

宗教或政治也會被問及「目的」、「動機」、「手段」、「過程」、「結果」的正確性

說到統一教的不良之處，我認為存在以下幾點。

例如，他們在北海道一帶以其他名稱成立佛教團體，製作念珠、壺等用品之後再高價販售。他們常常告訴人們，要買那些東西來避免遭逢到不好的事物，進而遭到外界的抨擊。他們又是偽造教團名稱，又是幫人姓名算命、看手相等，以各種理由，或從佛教面切入等等，做盡各種壞事，使用詐欺手段卻狡辯「只要結果好，其他都無所謂」。我認為那些做法終究是錯誤的。

那種宣稱「騙人也無妨」的方式是不對的。這部分或許有些難以

理解，即使「結果」是好的，但只要「手段」是惡劣，依舊是不被允許的。

共產主義也是如此。

毛澤東的革命，佔據了整個中國領土，之後大帝國誕生，中國奪回了自己的國家，雖然毛澤東看似英雄，但說到底，他掀起的是一場武力革命。他曾說「槍桿子裡出政權」，也就是說，他的想法是「用槍殺人，興起革命，最後就會成功」，但「殺了人也無所謂，使用何種手段都沒關係，只要結果跟目的正確就可以了」的做法中存在眾多錯誤，並且還讓幾千萬人餓死。

因此，「目的」要正當是理所當然，但「手段」也必須正當，「動機」也必定要正確。

幸福科學即是秉持著「出於正確的動機，在正確、適切的做法下，取得適當的結果」的方針。

在本會時常會出現疾病奇蹟痊癒的事蹟，但也並非所有人都會痊癒。所以，一旦過度主張奇蹟，就是錯誤的。

某宗教（生長之家）曾大肆宣傳「只要閱讀生長之家的書籍，疾病就能痊癒」。那種情況有時會發生，不過也會有無法痊癒的情形。如果奇蹟真的發生了，那應該要抱持感謝之意，但絕不能把奇蹟用於詐欺。

此外，本會常說著「植福」，但也有諸如「獻金」、「喜捨」、「布施」等說法。向教會、神社佛寺布施，這本身是件好事。說起來，耶穌不是擅於賺錢的人，佛陀也沒講述過賺錢的話語，他們都是接受布施生活，所以布施本身是件可喜且尊貴的行為。但如果借他人的布施做不對的事，或者為了錯誤的目的而詐取布施的話，就必須進行反省。

所以，從「動機」到「手段」，再到「過程」、「結果」以至「目的」，還是有必要仔細審視是否從頭到尾都光明磊落。參與其中的人當中，若出現了很多不太正常的人，那就必須意識到「這個團體不太對勁」。

歌頌「厄運消散，苦盡甘來」之光明思想的白光真宏會的錯誤

號稱「能讓疾病痊癒」的某個宗教就是如此。在病情惡化時，他們會說道「身體出現惡性反應，正是好轉的兆頭，是否極泰來的前兆」，

並認為「發燒之後，接下來就是燒退了」。當病人說「發燒了」，他們就會說「那就是痊癒的前兆啊」。

從生長之家分支出去的某宗教，最初視本會為友，還把他們的官方雜誌送給我們看。但自從谷口雅春在《谷口雅春靈言集》（現在的《大川隆法靈言全集 第17卷》《同 第18卷》〔均為宗教法人幸福科學發行〕）中表示：「之前在生長之家擔任地方講師的人另立門戶，創立了白光真宏會，但他已經墜入地獄了」之後，他們就勃然大怒，突然將說詞改成「谷口雅春和大川隆法都將被詛咒，都下地獄吧」，態度是完全反轉。

在某種程度上，他們的教義跟我們有相似之處。但是只要某個地方出現了些許差異，就會「誤入歧途」。

所以，雖說這跟「惡人正機說」一樣，認為惡人也能獲得救贖，但若演變成「越是惡貫滿盈，就越能獲得救贖」的話，那就是大錯特錯。同樣道理，生長之家的教義裡，有「命運黎明前的黑暗」之說，大致是說「不好的命運崩塌時，雖然有一段時間事態會看似在惡化，但之後的結果會呈現好轉」，他們有著如此光明思想，但照這樣說的話，所有事情都能套用如此說法。

就算工作不順利、生病、人際關係碰壁，但若只是單純地認為那是不好的命運正在崩塌，現在發生的一切都是命運的化學現象、觸媒現象，之後就會好轉了的話，終究可能走向錯誤。

有時候人際關係惡化的原因出在自己身上，生病也是有因果關係的，所以必須找出病因才能治癒。遭遇經營失敗也一樣，在經營有道的老手眼裡，此人的經營方式充滿了「終究會導致生意一敗塗地」的因子，但只是此人不明白而已。因此，不可以「歸咎於命運」，也不可以認為這就是「業的崩塌」。

4 與惡魔之間的戰鬥需要「世間的常識」和「緣起的理法」

方才的話題稍微涉及到其他宗教，所以多少可能有些欠妥之處，但既然說到「與惡魔的對戰」，那麼就必須提到盤踞於宗教團體裡的惡魔。

例如，佛教系統的宗教非常重視祖先供養，這本身並沒有錯，但如果以為「只要好好供養祖先，所有命運都會好轉」，或者「自己的不好的業將全部獲得救贖」的話，這就是騙人的了。因為有些事情是自己本身所種下的因。

有些人把所有過錯都推到父母身上，心想著「都怪父親、母親、祖父或祖母是不成佛靈，自己之所以會不幸的原因都出自於他們」。當然，有時候祖先確實會對世間的後代產生影響，有的祖先盤踞在家中附身家人，有的時候每一代的死因都相同，譬如連續三代死於交通事故、死於火災，或者罹癌而死等等。

所以有些宗教會抓住這些事例不放，說些「罹癌的因緣」、「交通事故喪生的因緣」等等，把一切壞事都歸咎到祖先身上。

當然，有時祖先會來依靠子孫，但子孫自己的人生還是必須自行反省，能夠改正的地方就要加以改正。當一個人達到「放出光」、「發出後光」的程度後，才具備足以能供養祖先的法力。就算法力微弱也能發光，而接受到光的祖先就能逐漸覺悟。

委託進行著專業修行、能夠使用法力的專業之人，祓除不成佛靈或許也很重要，只不過教義繁多，方法也是各式各樣的。

然而，從某種意義上來說，左腦方面或者說「世俗的判斷能力」較低的人，往往容易遭逢失敗，還請務必留意。對於「世俗的常識」要瞭解到一定程度會比較好。另外，對於「緣起的理法」、「因果法則」也應該好好地學習一番。

以上即是本章內容。

第5章

來自救世主的話語

——為了拯救地球的危機

1 現今，地球面臨前所未有的危機

新冠病毒引發人類「恐懼心」的蔓延和「大規模戰爭」的危機

以上四章，我講述了《地獄之法》的相關內容，在最後一章裡，我想跟各位講述「來自救世主的話語」。

現今，地球正處於巨大的危機當中。形勢之嚴峻，前所未有。

之所以這麼說，是因為我開始進行救世運動時，全球人口大約是五十億人，如今，地球負荷的人口已經達到約八十億人。也就是說，人口足足增加了三十億。

但在現實中，我所講述的教義尚未遍及於這三十億人。這當中雖然反覆地一進一退，但就大方向來說，西元二〇二〇年代的這個當下，不得不說，人類的危機比三十年前更加深刻。

危機之一，就是覆蓋全球的新冠病毒導致人類的「恐懼心」蔓延。目前全球已經約有七億人口染疫，但預計還會有更多種新型的病毒出現。所以對於全體人類而言，想必會造成非常嚴重的威脅。

雖然依然有人不相信這次疫情是某國蓄意引發的，但即使認定是自然發生的，這也代表著地球意識對於活在地球表面的八十億人口不甚滿意，才會導致如此結果。

此外，從第二次世界大戰之後，人們經歷了大約八十年的「和平時代」，然而這個時代也開始出現終結的跡象。

在這八十年當中，曾爆發過幾次小規模戰爭，但還沒有發生過足以動搖整個世界的大戰。不過，接下來即將爆發的戰爭，若不匯集人類的智慧加以克服，就可能導致致命的後果。

過去，當世界人口出現增長時，就必定會發生戰爭。綜觀歷史就會發現，「爭奪糧食的戰爭」、「爭奪能源的戰爭」，或是「爭奪資源的戰爭」等層出不窮。

舉例來說，僅是尋求水資源就會引發戰爭。除此之外，圍繞著糧食、石油、煤炭、天然氣、原子能等，每種資源都可能成為戰爭的導火線。

如上所示，人口增加固然是一件好事，但若是爆發爭奪戰，無可避免地容易引發人們想增加盟友、減少敵對勢力的戰爭。關於這一點，恐怕人類只能自己從歷史中學習，為以後做好準備。除此之外，或許沒有其他辦法。

法律化身為神支配世間，引起「人類家畜化」、「善惡的逆轉」、「國家間的紛爭」

另外還有一點。如今，地球在多個「意識形態」，或者稱為「思想」、「信條」之下，世界被分裂成了數個群體。

美國傳佈至全世界的思想大致上是「民主主義與專制國家的對

戰」。只不過，這個基準也算不上充分，因為無論是民主還是專制，雙方都仍存在著問題。

即使是在民主主義國家之中，無神論、唯物論也不斷地廣布著。因此，民主主義國家與被視為非民主主義國家的那些國家之間，在根本處有著共同點，也就是兩者都站在科學萬能主義立場上的唯物論。

民主主義之所以被肯定，基本上是因為其論點背後相信著神，人基於自己作為神子的良心，自發性地行動、決定事物。此外，與民主主義一同發展起來的法治國家裡，在「法治」的根源中必定需要有「神佛的教義」。但現今人們缺少對神佛的信仰，不聆聽神佛的教義，僅憑人類互相的商量和決議就制定出法律，以至於法律逐漸化身為神，支配世間。

更讓人擔心的是，為了維持法治國家，越來越多的國家利用ＡＩ等，將監視主義視為基本政策並加以實行。

當然，我並不反對利用機械為人類或社會提供便利性，但很遺憾地，機械原本是「為目的而存在的手段」，不過卻逐漸反過來成為了一種「目的」，墮落為「統治人類的手段」，這就是現狀。

這個現象隨著人口的增加，比重也正逐步上升，變成ＡＩ才是管理人類的那一方。於是，從此就進入了人類被自己制定的法律、機械統治的時代。

在某種意義上來說，現在開始出現了近似於「人類家畜化」的情形。

另一個問題是，由於法治國家的思想是，依國別不同便有權能制定不同法律，所以很容易就分成敵我兩陣營。並且，將雙方區分為敵我的法治主義，很容易發生善惡逆轉的現象。

當試圖將自身國家的正義遍佈全世界時，其結果往往會出現「對於別國來說反倒是邪惡」之案例。每個國家都傾向於制定得以讓自己獨霸一方的法律制度，所以未必能完全契合其他國家的法律制度。

這是非常嚴重的危機。在我看來，從十六、七世紀時期開始，近代以後的政治體制和行政體制的弱點開始顯現出來了。

此外，試圖將這些國內法制體系延伸到國外的想法，也導致了「軍事紛爭」和「經濟紛爭」的爆發。

一個國家如何制定該國的稅率，或許是屬於該國的主權。但如果範圍擴大為在基於與世界其他國家的關係中，稅率該如何調整時，這就產生了交涉和協商的餘地。但是，若一國的主體受到獨裁想法的過度支配，那麼協調的餘地將隨之消失。

因此，人口增加使得國與國之間的紛爭頻頻爆發，而為了解決這些紛爭，各國開始「增強軍事力」，並一同掀起「提升經濟力」的競爭。

「軍事力」和「經濟力」擴大的國家，在多數情況下，會漸漸抱持侵略主義的思維，企圖併吞鄰近的弱小國家。甚至，如此國家會與有著相近觀念的國家組成聯盟，試圖開始與其他大國的集團發生衝突。雖然說不上與現代的狀況相同，但過去曾出現過類似的局勢。

當前最令人不安的，就是地球上，或者說聯合國常任理事國和幾個國家擁有核武的事實，以及擁有核武的國家正逐漸增加的趨勢。

「核武問題」超越了法治主義和民主主義的範疇，已經足以改變國與國之間的勢力版圖。

舉例來說，僅有二千萬人口的國家若擁有核武，還擁有足以對其他國家發動襲擊的核裝備，那麼，即使對手國家是個人口一億、三億甚至十億的大國，只要對手未擁有核裝備，那麼小國就能站在優勢地位。由此可見，核武本身是一種突破民主主義和法治主義範疇且擁有「另一種力量」的存在。而該如何應對核武，現在正是考驗人類智慧的時刻。

並且，從「民主主義」到「法治國家」，以至「議會制」，這些先進國家中普遍採用的體制，也隨著人口的增加，逐漸陷入若不借助「大眾媒體」的力量，就無法掌握事物的資訊或做出判斷的處境。

那麼，大眾媒體的「正確與否之基準」在哪裡？媒體想要推動的是什麼，想要竭力阻擋的又是什麼？其判斷標準逐漸以各家大眾媒體公司的想法為中心，慢慢形成一股對國家之間的紛爭推波助瀾的力量。

現今已經進入了神佛的聲音無法傳遞到大眾媒體的時代。

2 不可將地球變成「惡魔的行星」

地球因作為靈魂修行的學校才得以存在

在這問題多發的現代，關於「何種作為會導致何種結果」，人們擁有多個選項，但就結論而言，無論選擇什麼，恐怕都難以避免嚴峻的結果。

對於完全忘記了前提的八十億人類而言，要教導何謂正確的人生態度，不是件容易的事。

歸根結柢，這個世間是一個被允許作為靈魂轉世，進行修行的學校而存在，世間並非就是一切。

然而，人類認為自己的幸與不幸，完全決定於世間之事，並試圖判斷世界上的哪個國家稱得上幸福，哪個國家屬於不幸，現代社會有著如此趨勢。但針對「何謂正確」，人們卻忘記了一個道理，即「離開世間後的那個世界」、「天上界」或者「被稱為神或佛的崇高存在」，上述眼中的正義同樣應該反映在這個世間。

因此，就單一國家而言，「議會制定的法律」就是正義。而國與國之間，正義就會是「國際條約」、「國際法」或「經交涉達成的決議」。

並且，最終國際間的正義就會淪落為需要仰賴「武力」才能獲得擔保。他國無法違抗武力強硬的國家。

綜上所述，即使現今可以透過言論自由、表達自由等和平的方式進行宣傳，但假如有人想以武力對此進行打壓，那麼言論最終還是會被武力壓制。

從天上界的階級構造來看，「獨裁的形式」本來就是一種越往上層、數量越少的現象，這點的確如此。但隨著世間的人類開始試圖取代神來支配人類時，當中無可避免地容易混入以自身利益為優先、不惜犧牲他人的想法。

認為「強者勝出，弱者落敗，弱肉強食的世界才是真理」的人，正不斷出現。弱肉強食的想法，在動物界、自然界裡是見怪不怪，但是，人們必須回過頭來深入思考，對於作為靈魂修行之地的世間來說，那般想法真的正確嗎？

現今出現了「轉生於世間的機制」可能中斷的危機

現在讓我感到擔憂的是，膨脹至八十億之多的地球人口，最終都將離開世間，但其中多數人是在不知何謂天國、地獄的狀況下就死去了。這樣真的好嗎？

另外還必須明白，原則上，在靈界當中不存在各位在世間時所慣用的機械。靈界只有靈性思考和行動，也就是「想法即行動」。

當人們前往那個世界後，原先依賴電子機器的人生、生活方式或世界觀將被打破。而現在，有許多沒有學過「在沒有任何機械的世界裡，一個靈魂能做些什麼」的人，正墜入黑暗世界之中。

就某種意義來說，如今已經逐漸逼近極限值。即便世間之人秉持民主主義思想，但若地獄界人口超過「人類總靈魂數量」的一半，那麼，地球上的善惡價值觀就有可能發生反轉。

即便必須思考「應該如何應對」，但形勢將會變得極為嚴峻。因為那些對神的話語充耳不聞，卻對惡魔的話言聽計從的人數不斷持續增加。

這個名為三次元世界的現象界，是一個比天上界更加接近地獄界的世界。之所以會如此，是因為天上界的靈魂太過於習慣地上界的物質性波動，在靈界也只能以那般方式生存，就此才出現了地獄世界。

如此人群正在逐漸增加，為了消除這個現象，在過往的歷史中，天上界曾派遣眾多救世主到這世上，也派遣過許多大天使、天使、如來、菩薩等來到這世間，助救世主一臂之力。但世間之人都被淹沒在「言論自由」或「思想自由」之中，人們已經慢慢分不清何者為是、何者為非。

除此之外，錯誤的事情反而受到更多人的吹捧，講述錯誤理念的人更容易贏得世俗的「地位」或「名譽」，而講述正道的人們難以獲得世間認同的情況卻比比皆是。

於是，某些「悔改的機會」將會陸續出現。對人類而言，苦難的時代已經開始了，而且應該還會持續一段時間。

這「持續一段時間」的期間不會太長，最多在這二、三十年間，就會確定出大致的方向了。

當世間被與「天上界的價值觀或神佛的價值觀」完全相反的價值觀統治，且如此價值觀直通地獄界時，那麼，無論是「地球意識」還是「神佛之心」，都將不得不終結這世間的靈魂修行。

所以，為了淨化世間，人類「轉生到世間的機制」有可能會暫停。若問「轉世到世間的機制」將以何種方式暫停，那就是往後可能將會持續發生使所有人類陷入無法生存的事件。

我想地球上的人類也已經逐漸有所察覺，那就是「疫病的流行」、「戰爭」、「糧食短缺」、「異常高溫」或「低溫」，乃至於「颱風」、「洪水」及各種「未知現象」，或許這些都將接連不斷地襲來。

現在，我必須告訴各位，地獄界的活動當然對地上、對這個現象界產生了一定的影響，「非地球的事物」也已滲入地獄界。但很遺憾地，關於這一點，人類還完全無法理解。

說起來，如今地球上的人類還處於連宇宙生物是否真實存在，都無法搞清楚的程度，所以從整個宇宙看來，在其他星球上生存的人類型族群們的眼裡，地球的文明還處於極低的水準。他們認為地球上的人們對於來自宇宙的影響或介入，都未免太過於無知，太過於缺乏抵抗力。

宇宙存在之中，有一群人正在給予地球領導者帶來影響力。當然，有給予正面影響力的，就會有給予負面影響力的。而這股邪惡的力量正在加速推動當中。因此，現在已經不僅限於「地球產的地獄惡魔」，宇宙當中的暗黑勢力也開始對地球產生影響。如此影響連帶引發了下一階段的問題，即「應如何抑制這些力量」。

其中一個方法是，有的國家的指導者們或國民受到了宇宙暗黑勢力的附身，試圖將其邪惡觀念體現於世間。而對於有著如此領導者們或國民的國家，透過製造危機狀況，得以摧毀他們的體制。

這是一個方法，但僅僅這樣做並不能完全解決問題。即使這些國家的體制在世間瓦解了，但那般體制將轉移到地獄界，助長地獄界勢力的擴張，最終又是另一場改變場所的「地獄對天上界」的引力之爭。

當地獄界的勢力過於強大時，那麼天上界和地獄界之間的平衡將被打破。

就好比拿「寬恕」這一詞來解釋。有些人認為「無論犯下何種惡行、何種罪行、有過何種心境和行為，所有一切都可以獲得寬恕」。但若真是如此，那麼無論任何罪惡滔天的人都將免於墜入地獄，全都去往天國。這樣一來，天國本身將反而變成地獄。

各位只要想像一下「警察和暴力集團混雜在一塊，或者兩者立場顛倒的話，將出現什麼場景」就可以明白了。歷史上，獨裁者出頭的國家確實偶爾會出現這種情況，其結果是誕生出一個完全不企求國民幸福的社會。

這種情況下，轉生輪迴的機制就此瓦解的可能性相當地高。

恐怕，本來應該在地獄接受折磨、接受處罰或者接受治療的靈魂們，將不經過那些過程，在死後就直接操縱活著的人類的肉體。

如此一來，「轉生輪迴的機制」本身將徹底崩塌，出現的是永遠寄生在他人肉體的靈魂。即使世間的肉體泯滅，原本寄生在這肉體上的靈魂依然能夠移動到「下一具肉體」上，而原本被附身的肉體的靈魂在死後也會惡靈化，纏上「下一具肉體」。

若是變成了這種局面，不得不說，要從天上界轉生至世間將變得極為困難。

「世界皇帝」的出現，有可能毀滅信仰神佛的民族和國家

最理想的狀況是，現今我們講述的佛法真理能夠弘揚至全世界，為全世界人們所理解，並將其視為行動指針。但從數量上觀察就能明白，要達到這一點並沒有那麼簡單。

今後，天上界將頻頻發出警告，但讓我擔心的是，很多人根本無法理解那是「來自天上界的警告」。我想多數人只會將其視為「單純的偶發事件」、「單純的自然現象」。

另外一件讓我擔心的事情是，越來越多的人以為「真正的權力，是掌握在世間的警察或軍隊。可以自由驅使警察和軍隊的人才是權力者，這些人才是現代的現人神」。

然而，神不只有親切的一面，也有嚴厲的一面。對於犯錯的人，神會讓他們付出相應的代價。

例如，日本曾被投下兩顆原子彈，記得這件事的僅有日本人和理解這次事件的一部分人。其他國家畢竟沒有被投擲過原子彈，所以我擔心，在達成削減核武之前，就會先出現新的國家遭受核彈轟炸。

「能夠切身感受到自己的痛苦，但卻無法感同身受別人的痛苦」，我想這種情況實際存在。所以，那般時期已經越來越靠近了。

當某國擁有核武，其他國家卻沒有的話，那麼一旦擁核國家宣佈

「敢不聽從我的話，我就啟用核武，讓你們通通滅絕」，對方就只能選擇完全成為對方的奴隸，或是選擇消失在這地表上。

即使在沒有核武的時代，西方列強也曾統治亞洲和南美等地，人們可能面臨「不甘成為殖民地，就等著被趕盡殺絕」的選擇。此外，現在已經進入宇宙時代，今後還可能發生「來自宇宙的攻擊」，世間人類的生存條件也許將大受限制。

因此，我認為各位應該先從瞭解事實、認識現狀開始。絕不能將這顆行星變成「惡魔的行星」。

惡魔的行星指的是什麼？就是指「惡勢力所支配的地球」。

例如暴力集團的幹部搖身一變成為警政署長、鎮長或市長，甚至成為縣市長或總理大臣的話，那麼，生活在這個時代的人們將充分體會到什麼是水深火熱吧。不僅如此，若不是暴力集團，而是換作近似於精神病患者的話，情況可能會變得更加殘忍。

事實上，過去曾有過多次執政者對那些違抗自己、試圖違抗自己或抱持叛亂思想的人，進行徹底鎮壓與虐殺的時代。只是，當時在時代的制約下，迫害都還控制在一定區域範圍內。試想一下，類似納粹對猶太人的迫害事件，演變成全世界規模的話，結果會如何？那場景實在是令人不寒而慄。

假如出現了一個世界皇帝，並宣稱「今後若出現任何信仰神佛的人，我將讓那個民族、國家毀於一旦」的話，那麼世人的信仰心勢必會慢慢消失殆盡。

也就是說，我們正進入一個人類被自己親手創造出來的攻擊性武器

3 興起找回人性的「精神戰鬥」吧！

在現代的世界各地樹立「愛爾康大靈信仰」

我要傳達給各位的話語，首先是「恢復人性」。找回人類本來應有的使命，這很重要。

人類具有信仰的本能。先暫且不論微小如螞蟻般的動物是如何，但人類之所以為人，是因為「具有信仰神佛存在的本能」，這正是靈魂的前提。

之所以這麼說，是因為「生活在世間的人們的靈魂，是更加龐大的靈魂的一個碎片，而這更加龐大的靈魂又屬於比此更為龐大的靈魂的一個碎片……」，靈魂就是這樣層層分光而來。

說起來，宿於人類體內的光，原本就是神佛的靈魂之光的碎片，是「其中的一片」。所以，我們當然有義務要避免將它與區區塵埃混為一談。

正因如此，我認為現今正是必須興起「精神戰鬥」的時候。

特別是對於那些開始準備發動戰爭的國家來說，或許那些人民以為，自己正是在國家領導人的命令下行動，但他們必須知道，國家的領導人正被來自宇宙的暗黑使者們操縱著。

從靈性角度來講，這種操縱有「憑依」的形式，也有「給予靈感」

的形式。還有一種就是「外星人的肉體在太空船裡，但其靈魂進入地上之人的肉體之中」。透過種種手段，現在有越來越多的世間之人被外星存在支配。

因此，「最終決戰日」已經逐漸逼近，但遺憾的是，光明勢力依然過於微弱，惡勢力在不知不覺中像地下莖一樣在地面下肆意蔓延，這令我感到非常遺憾。

宣稱「神已死」的尼采的書籍，也不過在初版發行時印製了四十本或一百本，並且還是自費出版，但不知何時，媒體卻被當作「擴散的工具」，教育也被當作擴散工具，該書被以各種各樣的形式滲透到全世界。如果哲學、科學的創建前提都是「神已死」，那麼，所有學科體系都將無一倖免。

如此頹敗的世道，若無法憑藉思想戰撥亂反正，那麼人類邁向滅絕也不再是不可能。

這就跟以前的亞特蘭提斯、穆或雷姆利亞發生的事情相同，最終，世界可能走到那一步。短短一萬多年前就發生過那般悲劇，所以現在也並非不會重演。

那一天將會來得非常突然。它會霎那間到來，不會給人們留下任何準備時間。所以，我想跟各位說的是：「請用盡所有力量，在現在活著的壽命中，盡己所能地去做能做的事。」

那麼，我明確地告訴各位，我希望各位做些什麼吧！

那就是希望各位在現代，堅實地樹立「愛爾康大靈信仰」。不僅限於日本，在世界各地都要樹立愛爾康大靈信仰。

各位要相信「這個現今被稱為愛爾康大靈的存在，曾經是過去地球的造物主阿爾法，也是曾在世間樹立了善惡基準的埃洛希姆。如今，愛爾康大靈是努力與地球的最終危機奮戰的存在」。希望各位能樹立如此信仰。

透過實踐「現代四正道」以「探究正心」

廣義地來說，抱持愛爾康大靈信仰而活，就是所謂的「探究正心」。

那麼，「探究正心」的內容為何？內容就聚焦於「愛、知、反省、發展」之「現代四正道」當中。

・愛——從「奪愛」到「施愛」的思維轉換

首先是「愛」的教義，這個觀點幾乎在所有情況下都被人們誤解。越來越多的人認為「所謂愛，就是從他人身上奪取、獲取」。

這種觀點同樣蔓延於共產主義之中。共產主義多半是從經濟意義上來論述的，往往是「從擁有的人身上奪取，讓沒有的人將其瓜分殆盡」。但是，如此想法中存在著錯誤。

人出生於這世間，就是要透過個人的努力和成績，來達到讓靈魂成長的目的。所以，「不勞而獲，將他人透過汗流浹背所獲得的東西占為己有」、「體制層面上的剝奪」等做法，並非好事，也很容易招致奪取者們的墮落。

再來還有一點，自由主義社會之中還有所謂的「社會福祉主義」。這本身是集一定程度的人類智慧所產生的福祉思想，對此我沒有要加以否定。但就結果來說，那變成了共產主義的替代品，僅是為了消弭社會的不平不滿而已。

所以，即使不借助神佛的力量，我想如此制度也會成為國家財政破產、國家崩塌的契機。

在日本，政府不斷地花費大於國民繳納稅金的雙倍金錢。這意味著什麼呢？這意味著「國家一定會在某個時刻破產」。美國和歐盟的大部分國家都存在這種現象，亞洲和非洲的貧困國家也已經開始發生破產情形。

結論是，人們應該要「知足」，過上的生活必須合乎自己的工作收入。

重要的是，要將愛從「奪愛」轉變為「施愛」。而這「施愛」正是神佛得以讓人們活在世間的力量。如同陽光遍灑大地般，肩負起這偉業的一部分，就是人類應該實踐的「愛」。

・知——若不學習經靈性事實驗證過的「佛法真理」，靈魂就無法提升

那麼，「愛、知、反省、發展」中的「知」是什麼意思？這指的是「佛法真理」，並且如果那不是經過真正的世界觀、靈性真相或神佛的教義所驗證過的知識，那麼即使在世間孜孜不倦地學習，對於靈魂的提升也毫無助益。

所以，若僅是一味地覺得「神已死」、「唯物論就是一切」、「只有這世間的便利才是最好的、才是幸福」的話，那不得不說是錯誤的思想。連自己從哪裡來，要往哪裡去都不知道的人類，就宛如「站在車站的月臺上，卻不明白自己為什麼會站在這裡的人」。

站在月臺上當然是要等下一班列車，然後乘車去往某處。然而「不知道從何而來，也不知道要去往何處」，則等同於「迷失了自己」。

・反省——回顧犯下的罪過與自己的所思所為，磨練己心

再來，現代四正道當中還有「反省」一詞。

人是很有可能會墮入地獄的。抱持著與佛法真理相違背的人生觀而過之人，就會墮入地獄。

但是，屆時絕對不可興起任性的叛逆之心，不可參與對神的抗爭行為，助紂為虐。地獄被賦予的功能是，地獄當中的每一個人都能藉由回顧自己所犯下的罪過、反省自己的所思所為、磨練己心，進而能重返天上界。

因此，我期望各位重新找回反省的力量，也希望各位活於世間之際，將反省置於學習的主軸上。

・發展——積德之人能引導眾人建設烏托邦

現代四正道的最後是「發展」。發展的概念中包含著「建設烏托邦」。

「建設烏托邦」在各種思想中都被講述過，但沒有嚴加區別「烏托邦還是反烏托邦」是不行的。

各位不可以將喬治．歐威爾在《一九八四》、《動物農莊》中描述的社會視為烏托邦。「讓在這世上有所修行，並且是積德之人去引導眾人」，各位必須要打造如此國家或社會才行。

倘若高高在上的人虛偽欺騙，利用金錢、地位或名譽，以煽動民眾的力量構築權勢，這自然是不可容忍的，而在陰謀詭計之下隨心所欲地驅使世間，自然也不可原諒。更有甚者，借助媒體以錯誤的資訊誘導他人，等同於將所有人推進大海一般，這般情事亦是萬萬不可。

本來的烏托邦社會，就必須是和靈天上界也能和諧共存的社會。

對於媒體以「懷疑」為中心進而發展得太過頭，我感到十分地悲傷。

此外，人們將獲得世間知識視為一種身分制。現代非常流行以獲得知識，來代替民主主義社會中的身分制社會。但「獲得知識」未必完全等同於「獲得智慧」。

從知識中篩選出蘊含鑽石光芒的部分，並且將這些真正的知識，透過名為「人生修行」的經驗加以淬煉成智慧，如此過程非常重要。

若缺少了如此過程，只注重分數或偏差值，僅憑學歷就決定是否把一個人提拔到統治階級，憑著偏差值就一副天生貴族的樣子，將其作為自己對他人高高在上、支配他人、隨意命令他人的依據的話，很遺憾地，不得不說那並非是天上界所樂見的。那只能被認為是一種迷妄。

透過四正道，努力建設一個並非是唯物論或世俗科學主義的更美好的社會

所以，要以坦率的心去思考，
「自己是否有將神佛之心視為己心而過？
自己是否有將神佛之智慧視為自己的智慧而過？」
謙虛地透過上述問題反省己心，同時又不忘努力的人們，
不斷地累積智慧，並藉此引導世人，此甚為重要。
在如此世界當中，

人們滿溢著愛、
承認自己的過錯、
互相學習真理，
致力於建設更加美好的社會，這也相當重要。
並且在那前方，
絕非是受限於唯物論或世俗意義上的科學主義。

無論科學如何進步，人類仍舊未解開生命的神祕。
為何土地深處那小小的蟲卵會破土而出，
蛻變成一隻獨角仙或鍬形蟲呢？
即便是這個問題，人類都尚未完全瞭解。

為何人體會如此精巧地成型呢？
為何人體內的臟器可以執行各自的使命呢？
明明不是自己製造的，
為何腦內的組織卻能擁有各自的功能呢？
即使再怎麼努力弄清ＤＮＡ的祕密，
但為何會生成人體這一生命體呢？
人類仍無法清楚地說明其中緣由。
愚蠢的科學家之中，
甚至有人宣稱「ＤＮＡ才是靈魂的真面目」。
並認為「父母、子女、孫輩的ＤＮＡ代代傳承，
就等同於靈魂的轉生輪迴」。

我不得不說，
「人類對宗教的無知，在現代正以一種不同的形式暴露出來」。

4 希望「地球能夠一直作為靈魂修行之地」

建立一個「真、善、美」的世界，才稱得上是在世間建設烏托邦

我的希望終究是，
「來世以後，這個地球依舊能作為眾多靈魂轉生輪迴之地，
作為靈魂修行之地，繼續維持下去」。
並且讓眾多人們能夠理解，

「從宇宙角度來看，地球作為靈魂修行之地，
是個備受喜愛的地方」。

各位必須從教育的根本重新審視一番，
可能的話，透過所有面向，在這個地上建立一個良善的世界，
建立「真、善、美」的世界，
也就是建立真誠的世界、
良善的世界、
美麗的世界，
這才稱得上是在這世間建設烏托邦。
只是，世間的烏托邦絕不可以變成讓靈魂永遠執著於這個世間的烏

托邦。

終有一天，靈魂會離開肉體，前往靈界，

那是一個不用吃飯，也無法相互握手的世界。

人必須要足夠聰明到能夠理解，

「雖然要移居到那個如幻影般的世界，但那才是實體的世界」才行。

在地獄界的擴大與邪惡的蔓延之中，去完成各自「拯救每個人的心靈」的偉大使命！

現今，地獄界的擴大，

以及生活在世間的人們的心靈狀態導致的邪惡蔓延，
這些都令我無比擔心。
我既希望人們務必堅強起來，
並且對於把這個世間作為立足點的人們來說，
「肉眼不可見的世界才是真正的世界，肉眼可見的世界才是虛假的世界」，
這句話或許難以理解，
但我仍然希望各位能學會以下看似矛盾的真理。
「在這個世界上看得見的人，其實並沒有真正看見，
看得見這世上不存在的事物的人，才是真正的看見之人。」
只要明白這一點，

就能明白所有宗教的根本。

世間所有的痛苦、悲傷，都是為了來世之後的幸福而存在。

所以，各位不能把今世的痛苦、悲傷，直接與自己的人生劃上等號。

經驗確實是經驗。

但是，唯有從經驗當中學習，真理才會發光。

這一點，希望各位不要忘記。

今後，將進入一個為真理而戰的時代。

現實依舊維持在與我的心念相去甚遠的狀態，

雖然我不知道能忍受到何種程度，

不過，危機正步步逼近，並且現在就已經在發生。
現今，各位正在危機之中奔馳，
對此希望各位明白。

視真正尊貴的事物為尊貴之物，視不尊貴的事物為不尊貴之物，
希望各位能明辨這兩者而過。
作為「來自救世主的話語」，我要告訴各位的，就是以上內容。
請各位務必汲取這真實的聲音。
我的眾多書籍，即是對於如此心聲所做出的補充。
我打從心底祈念，
各位都能遂行「拯救每一個人的心靈」這一偉大的使命。

後記

「都什麼時代了，還在說什麼閻羅王、赤鬼，少說那些蠢話了」、「那都是出現在日本傳說時代的故事啦」，這樣想的人應該不少吧。教科書上根本沒寫這些，而且入學考試也不出這類題目。釋尊是繩文時代的人，耶穌是木匠的沒出息的兒子。蘇格拉底則是假借神之名、多數決的敵人。

還說什麼天御祖神為了創造日本民族，在三萬年前從仙女座銀河飛來富士山？

「男女隨心所欲地交合有何不對？不就跟狗一樣嗎？」

「宗教全都是洗腦，盡是危言聳聽，要人捐錢的話術。」

說著這類言論的記者沒有一個人是天使，即使是能言善辯的律師也會墮入地獄。就算死後受到「國葬」待遇之人，其中也有人被閻羅王拔去舌頭。

在這世上，「大」者終將成「小」，「小」者則終將成「大」。如果連心的善惡都分不清楚，那麼無論有何種學歷、職業經歷或勳章，最終你的去處就是地獄。

二〇二二年　十一月

幸福科學集團創立者兼總裁　大川隆法

◆◆◆ 大川隆法「法系列」．**最新作品** ◆◆◆

彌賽亞之法

從「愛」開始 以「愛」結束

定價380元

彌賽亞之法

法系列
第**28**卷

「打從這世界的起始，到這世界的結束，與你們同在的存在，那就是愛爾康大靈。」揭示現代彌賽亞，真正的「善惡價值觀」與「真實的愛」。

第一章　埃洛希姆的本心——區分善惡的地球神之教義
第二章　現今彌賽亞應説之事、應做之事——給處於人類史的轉換點之地球的指針
第三章　彌賽亞的教義——改變為依據「神的話語」之價值觀的戰役
第四章　地球之心——為人類帶來靈性覺醒的「香巴拉」
第五章　彌賽亞之愛——在靈魂修行之地「地球」的愛的應有之姿

◆◆◆ 大川隆法「法系列」◆◆◆

太陽之法
邁向愛爾康大靈之路

太陽之法

法系列
第**1**卷

定價400元

基本三法的第一本

本書明快地述說了創世紀、愛的階段、覺悟的進程、文明的流轉，並揭示了主·愛爾康大靈的真實使命，同時也是佛法真理的基本書。《太陽之法》目前已有23種語言的版本，更是全球累計銷售突破1000萬本的暢銷作品。

第一章　太陽昇起之時
第二章　佛法真理的昇華
第三章　愛的大河
第四章　悟之極致
第五章　黃金時代
第六章　愛爾康大靈之路

大川隆法描繪的小說世界・新感覺之靈性小說

《小說 十字架の女》是宗教家・大川隆法先生全新創作的系列小說。謎樣的連續殺人事件、混亂困惑的世界、嶄新的未來、以及那跨越遙遠時空——。

描繪一名「聖女」多舛的運命，新感覺之靈性小說。

小說十字架の女①〈神祕編〉

神祕的連續殺人事件
與美麗的聖女
女子所背負的，
是「光」、
抑或「闇」——。

小說十字架の女②〈復活編〉

小說十字架の女③〈宇宙編〉

大川隆法作品・最新作品

現代武士道

從平凡出發

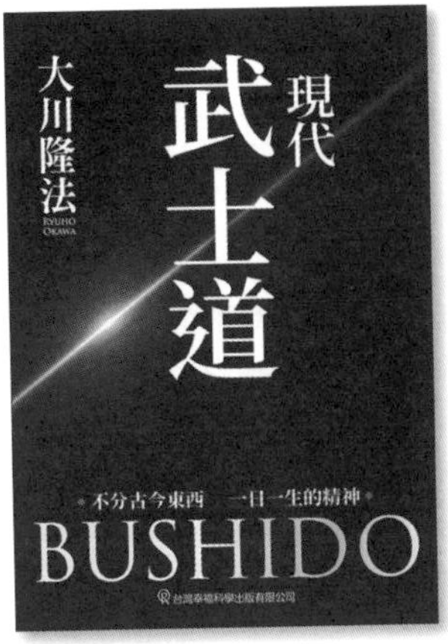

現代武士道

定價380元

正是在這不安、混亂的時代，就越是要以超越私利私欲的勇氣之姿迎戰。
本書清楚究明淵源流長的武士道，並訴說不分東西，自古延續至今的武士道精神——貫徹「真劍勝負」、「一日一生」、「誠」的精神。

第一章　武士道的根本—武士道的源流
第二章　現代武士道
第三章　現代武士道　回答提問

天御祖神的降臨

記載在古代文獻《秀真政傳紀》中的創造神

天御祖神的降臨

定價380元

三萬年前，日本文明早已存在——？！
回溯日本民族之起始，超越歷史定論，究明日本的根源、神道的祕密，以及與宇宙的關係。揭開失落的日本超古代史的「究極之謎」！

PART Ⅰ　天御祖神的降臨　古代文獻《秀真政傳紀》記載之創造神
第1章　天御祖神是何種存在
第2章　探索日本文明的起源
　　　　天御祖神的降臨
PART Ⅱ《天御祖神的降臨》講義
第1章　《天御祖神的降臨》講義
　　　　—日本文明的起源為何？—
第2章　提問與回答　—探索日本與宇宙的祕密—

大川隆法暢銷書·愛·信仰·死後的世界

重生
從平凡出發

定價380元

重生

祈念本書能成為——追求覺悟之青年、後進的年輕世代，其人生的指標！
本書以半自傳方式回顧大川隆法先生的學習經歷，並闡明自身想法的淵源，以及描述創建「幸福科學」的歷程，以進一步將真理弘揚世界各地。書中，超越時空的智慧將給予讀者無限啟發，並協助讀者們找尋自身的人生使命。

以愛跨越憎恨
推動中國民主化之
日本與台灣的使命

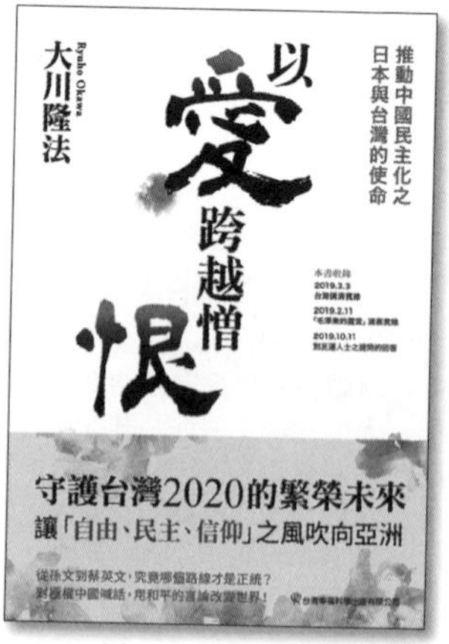

定價350元

以愛跨越憎恨

這不僅是一本精闢剖析共產主義、極權主義的現代政治啟蒙書，更是為了遏止第三次世界大戰在亞太地區爆發，身為亞洲人必讀的一本書！

大川隆法暢銷書・愛・信仰・死後的世界

佛陀再誕
留給緣生弟子們的訊息

佛陀再誕

定價420元

優曇花三千年僅綻放一次，同一時代只有一位佛陀降臨世間。是時候了！齊聚於再誕的佛陀身旁，聆聽佛陀的金口直言，拯救現代的社會！這是佛陀再臨，給予摯愛的弟子們的話語。用詞簡單、詩句形式包含智慧話語。翻閱本書，靈魂將不再飢渴，也將喚醒你選擇於與佛陀同一時代生而為人的原由。聆聽永恆導師的話語，喚醒你的使命！

第一章　我再誕
第二章　叡智之言
第三章　勿做愚氓
第四章　政治和經濟
第五章　忍耐和成功
第六章　何謂輪迴轉生
第七章　信仰與建設佛國之路

不動心
跨越人生苦難的方法

不動心

定價360元

這是一本教導人們如何獲得真正的自信、構築偉大人格的指引書。積蓄的原理、與苦惱的對決法等，訴說著讓人生得著安定感的體悟心語。

第一章　人生的冰山
第二章　積蓄的原理
第三章　與苦惱的對決
第四章　惡靈諸相
第五章　與惡靈的對決
第六章　不動心

真正的驅魔師

為了保護自己遠離惡靈或惡魔，從面對惡靈的基礎對策到驅魔的祕密儀式，你該知之事、當為之事。

第一篇　現代的驅魔師
第二篇　真正的驅魔師
第1章　靈障對策的基本——從基礎知識到實踐方法——
第2章　真正的驅魔師——打敗惡魔的終極力量——
第3章　作為宗教的專業驅魔師——「真正的驅魔師」的問與答——

真正的驅魔師

定價380元

惡魔討厭的事

為了守護自己與心愛之人免於惡魔影響！擺脫那些想要動搖、迷惑正直人們的存在，本書闡明其真相、手段，並提出克服的方法。

第1章　惡魔討厭的事
第2章　怨靈的產生
第3章　惡魔的真面目與看破之法

惡魔討厭的事

定價360元

永恆生命的世界
死亡後的真實樣貌

死亡並非是永遠的別離，
死亡是人結束了地上界的旅程，
回到本來的世界……

永恆生命的世界

定價380元

靈界散步
步向光彩絢麗的新世界

人的一生，都將面對終末之時，當靈魂離開肉體之際，即將展開的是，前往靈界的旅程……

靈界散步

定價380元

HAPPY SCIENCE

幸福科學集團介紹

幸福科學透過宗教、教育、政治、出版等活動，以實現地球烏托邦為目標。

幸福科學

一九八六年立宗。信仰的對象為地球靈團至高神「愛爾康大靈」。幸福科學信徒廣布於全世界一百六十八個國家以上，為實現「拯救全人類」之尊貴使命，實踐著「愛」、「覺悟」、「建設烏托邦」之教義，奮力傳道。

（二〇二三年一月）

愛

幸福科學所稱之「愛」是指「施愛」。這與佛教的慈悲、佈施的精神相同。信眾透過傳遞佛法真理，為了讓更多的人們能度過幸福人生，努力推動著各種傳道活動。

覺悟

所謂「覺悟」，即是知道自己是佛子。藉由學習佛法真理、精神統一、磨練己心，在獲得智慧解決煩惱的同時，以達到天使、菩薩的境界為目標，齊備能拯救更多人們的力量。

建設烏托邦

我們人類帶著於世間建設理想世界之尊貴使命，而轉生於世間。為了止惡揚善，信眾積極參與著各種弘法活動。

入會介紹

在幸福科學當中，以大川隆法總裁所述說之佛法真理為基礎，學習並實踐著「如何才能變得幸福、如何才能讓他人幸福」。

入會

想試著學習佛法真理的朋友

若是相信並想要學習大川隆法總裁的教義之人，皆可成為幸福科學的會員。入會者可領受《入會版「正心法語」》。

三皈依誓願

想要加深信仰的朋友

想要做為佛弟子加深信仰之人，可在幸福科學各地支部接受皈依佛、法、僧三寶之「三皈依誓願儀式」。三皈依誓願者可領受《佛說・正心法語》、《祈願文①》、《祈願文②》、《向愛爾康大靈的祈禱》。

幸福科學於各地支部、據點每週皆舉行各種法話學習會、佛法真理講座、經典讀書會等活動，歡迎各地朋友前來參加，亦歡迎前來心靈諮詢。

台北支部精舍
台北市松山區敦化北路 155 巷 89 號

幸福科學台灣代表處
台北市松山區敦化北路 155 巷 89 號
02-2719-9377
taiwan@happy-science.org
FB：幸福科學台灣

幸福科學馬來西亞代表處
No 22A, Block 2, Jalil Link Jalan Jalil Jaya 2,
Bukit Jalil 57000, Kuala Lumpur, Malaysia
+60-3-8998-7877
malaysia@happy-science.org
FB：Happy Science Malaysia

幸福科學新加坡代表處
434 Race Course Road #01-01
Singapore 218680
+65-6837-0777
singapore@happy-science.org
FB：Happy Science Singapore

地獄之法 決定你死後去處的「心之善惡」

地獄の法 あなたの死後を決める「心の善悪」

作　　者／大川隆法

出版發行／台灣幸福科學出版有限公司
104-029 台北市中山區中山北路三段 49 號 7 樓之 4
電話／ 02-2586-3390　傳真／ 02-2595-4250
信箱／ info@irhpress.tw
法律顧問／第一法律事務所　余淑杏律師

總 經 銷／旭昇圖書有限公司
235-026 新北市中和區中山路二段 352 號 2 樓
電話／ 02-2245-1480　傳真／ 02-2245-1479

幸福科學華語圈各國聯絡處／
台　　灣　taiwan@happy-science.org
地址：台北市松山區敦化北路 155 巷 89 號（台灣代表處）
電話：02-2719-9377
FB 粉絲頁：幸福科學－台灣
新 加 坡　singapore@happy-science.org
馬來西亞　malaysia@happy-science.org
泰　　國　bangkok@happy-science.org
澳　　洲　sydney@happy-science.org

書　　號／978-626-96750-6-7
初　　版／2023 年 3 月
定　　價／380 元

國家圖書館出版品預行編目 (CIP) 資料

地獄之法：決定你死後去處的「心之善惡」／大川隆法作. -- 初版. -- 臺北市：台灣幸福科學出版有限公司，2023.03
352 面；14.8×21 公分
譯自：地獄の法 あなたの死後を決める「心の善悪」
ISBN 978-626-96750-6-7（平裝）
1. CST：新興宗教　2. CST：地獄
226.8　　111022306

廣 告 回 信	
台北郵局登記證	
台北廣字第5433號	
平	信

IRH Press Taiwan Co., Ltd.

台灣幸福科學出版有限公司

104-029 台北市中山區中山北路三段49號7樓之4

台灣幸福科學出版 編輯部 收

請沿此線撕下對折後寄回或傳真，謝謝您寶貴的意見！

大川隆法

Ryuho Okawa

地獄之法

台灣幸福科學出版有限公司

地獄之法
讀者專用回函

非常感謝您購買《地獄之法》一書，
敬請回答下列問題，我們將不定期舉辦抽獎，
中獎者將致贈本公司出版的書籍刊物等禮物！

讀者個人資料　**※本個資僅供公司內部讀者資料建檔使用，敬請放心。**

1. 姓名：　性別：□男　□女
2. 出生年月日：西元　年　月　日
3. 聯絡電話：
4. 電子信箱：
5. 通訊地址：□□□-□□
6. 學歷：□國小 □國中 □高中／職 □五專 □二／四技 □大學 □研究所 □其他
7. 職業：□學生 □軍 □公 □教 □工 □商 □自由業□資訊 □服務 □傳播 □出版 □金融 □其他
8. 您所購書的地點及店名：
9. 是否願意收到新書資訊：□願意　□不願意

購書資訊：

1. 您從何處得知本書的訊息：（可複選）□網路書店　□逛書局時看到新書　□雜誌介紹
   □廣告宣傳　□親友推薦　□幸福科學的其他出版品　□其他
2. 購買本書的原因：（可複選）□喜歡本書的主題　□喜歡封面及簡介　□廣告宣傳
   □親友推薦　□是作者的忠實讀者　□其他
3. 本書售價：□很貴　□合理　□便宜　□其他
4. 本書內容：□豐富　□普通　□還需加強　□其他
5. 對本書的建議及讀後感
6. 盼望您能寫下對本公司的期望、建議…等等。

IRH Press Taiwan Co., Ltd.
台灣幸福科學出版有限公司